半神

安住亂世、活出神性的
30個生命基礎課

熊仁謙

目錄

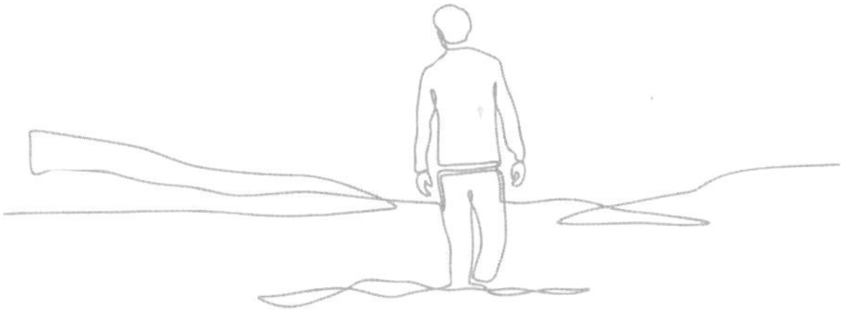

〈自序〉

那一年，我開始學會了迷惘

從我出來嘗試做哲學普及工作迄今，差不多經過了四個年頭。不論是在我的YT頻道「快樂大學」、我的書籍，或是在佛學場域裡面，如果要讓大家評價我，一向會用的詞都是：自信、跩、知識淵博、聰明、反應快、理性、果斷……

你有發現嗎？這些詞其實都是在描述人的同一個特質：這個人可能是個年少得志的人，性子很急，看起來很有自信與高傲、語速很快……

是，我有這樣的面向，但是任何一個只要與我本人相處過的人，會說的幾乎都是「欸！你反差好大」「你好奇特」。

因爲我本人壓根就不完全是那樣的人，我其實超細膩、猶豫不決、容易感動，對於很多事情有天馬行空的想像、時常極度情緒化等，完全不是大家認爲的「哲學人」會有的樣子。

爲什麼大家會對哲學人有這樣的想像與期待?人就是人，有各種不同的樣貌不是很正常嗎?雖然我有個不同於一般人的童年：十二歲出家、十四歲到印度研究佛學、十八歲還俗、二十二歲開始做教育傳播工作，可能算是年少早發，也被迫成熟，但不代表我不會有情緒化、幼稚的一面，對吧?!

另外一方面，讓我略感困惑的是：隨著年歲漸長，我的工作範圍越來越大、越來越深，但上述的「人設」形象，也越來越定型。不可否認，我對於過度鄉愿、情緒論述、療癒討拍的內容，一向嗤之以鼻，但我本人其實充滿了情緒與高度敏感，用更白話來說：年紀越大，我的某些方面變得越堅強，某些方面卻潛得越深，也就是我的「矛盾感」越來越強，特別是我的工作。

直到二〇二〇年，我像是突然靈光一閃，有了一大體悟：我開始學會迷惘、接納，學會不要明快、學會慢慢累積。這一年我遇到很多事，很多生命中過去不曾碰到的事情，讓我開始向內反思、向內觀察；相對於從小到大的習慣，在每次面對不同問題時，立刻就找解決方式與解套方案以求快速超越，那一年，我開始學會迷惘。

楔子是我的一個大前輩A的故事：我這位大前輩A影響力極大、形象良好，我們兩個有個共同的友人大前輩B、影響力比A還大，大家的關係也都融洽良好。然而，有一年，四處盛傳大前輩A貪污，整個圈子都在謠傳這件事情，當時剛好A又在國外休養，我們沒有人聯絡得上他，所以我就主動聯絡了B，想與他討論這件事，因爲我們其他人都認爲A的形象良好，沒道理會做這件事情。

出乎意料的是，B完全不想談，甚至撂下狠話，他發自內心覺得A百分之百有貪污，絲毫沒有想向當事人求證的意圖。我深感訝異，實在不能理解，因爲我們都深知A的爲人，對我來說，連主動聯絡A、給A一次辯解的機會都沒有，不是很過分與奇怪嗎？我當時甚至非常憤怒地告訴B，他這樣的行爲太不夠朋友了，但他仍然不理。

一年多後，事情逐漸明朗，證明了A根本沒有貪污、那是一次栽贓；接著又過了快一年，突然聽說B被他集團的員工們（他是創辦人）聯合推翻，而他一句話都沒敢說，就灰溜溜地下了臺，這件事情更讓我覺得奇怪。據我所知，B是一個非常有野心與手法的人，根本不可能會這樣乖乖的接受失敗。

一段時間後，我與一位許久沒見的朋友聊起這件事情，我說出上述的兩個困惑後，他緩緩說出了一個完整的脈絡，讓我恍然大悟。

事實上，B之所以下臺且毫不反擊，原因是他手上有把柄——貪污的實證——掌握在員工手上；更重要的是，當初他聽到A的貪污謠言時，之所以會馬上相信而不查證，其實是因爲恐懼……

因爲他自己是有罪的，當他自己幹過這種事情後，就會理所當然覺得別人「也會幹這種事」：他處事的方式，影響了他的視角。

這件事情有點像是一個引子，把我困惑已久的「矛盾」給整個掀了開來：讓我更有感受的原因在於，B其實是我一直覺得手法猛利、非常成功的一個人，但是這個外在看起來很成功的人，內在卻是如此充滿恐懼；反之，我本來對於A的處理方式稍有微詞，覺得他很懦弱與退縮，但事後發現，原來他才是眞正安寧的一方。

擺脫單一，回歸精采多元生活

這件事情不但讓我恍然大悟，更讓我想到另一件事：一般來說，我身邊的每個工作同事幾乎都戰戰兢兢，因爲我一向是個非常嚴厲、嚴苛之人，甚至有些冷酷與急性子。當時我突然想到，我對身邊的人這麼不溫柔，會不會也是因為我對自己也很不溫柔？

那麼，我為什麼會對自己不溫柔呢？回想起來，我對自己不溫柔挺合理的，從小出家、特別是到印度讀書後，我就在一個相對艱難的環境中成長，好勝心強又有點小才能，不停地競爭與向前衝，更重要的是自視不凡，不喜歡做自認膚淺的事情，所以老是把自己累得半死，但就是硬挺挺地向前衝。

獨自在這樣的環境中長大闖蕩，對自己冷酷，好像是很合理的結果吧？但問題是，我現在還需要對自己這樣嗎？我曾經聽過一句話：「生存與生活並不一樣。」對，當初的我因為求生存，所以要明快、敏銳、理智、堅強，但是生活應該不是如此吧？

其實我相信不但我如此，每個人也都是如此。我們成長的過程中，都會因為環境或各種的先天無奈，讓我們變得必須在某種地方用力、以克服當時面對到的痛苦，但是當事過境遷，我還需要緊抓著那個慣性不放嗎？如果那些慣性，可能正是給我自己造成不適的起因，我又何苦要堅守呢？

我一直堅信生活是可以很美好的，以前一直想像自己拚搏完之後，會退隱休息、過上生活。但隨著年歲漸長，我開始思考：我爲什麼要到未來才過生活，而現在要如此自我壓榨呢？過去，我養成的高壓習慣是在環境中被迫所致，但我現在還需要把自己困在這樣的循環中嗎？

當我發現自己的許多習慣，包括上述的用力、銳利等，其實並不是我的「天性」，而是後天被迫形塑成的，我自然就會反思：既然這些是在特定環境下被迫養成，我已經不再需要這些習慣了。更重要的是，這些習慣可能阻礙了我感受生命本身的美好、多樣與絢爛時，我何必還要堅持這些價值觀呢？

因此，才有了這本書，與其說這是三十堂課，毋寧說這是我的三十篇筆記，記載著我點點滴滴的發現。每一篇之間並沒有絕對的前後因果關係，或許可以看成一篇篇的散文，標題甚至也不一定有什麼太大的意義，往往是某個我得到啓發的事件或深受感動的一幕幕……

當然，每一篇都會先提到我原本的習慣和後來的體悟，可以說，這三十篇短文，記錄的是我擺脫理智、理性、敏銳等單一賽道，回到迷惘、等待、承受、累積的多元燦爛生活中，與你分享。

我曾提到過，我非常愛喝粥，也認爲我所做的事情，是將古老的智慧之粥裝載到不同的碗裡面，與大家分享這碗粥的美好；直到後來我才知道，我一天到晚在抱怨自己很胖，但粥這個看起來很清淡的東西，其實有很高的升糖效應，會讓人瞬間血糖飆高，我整個嚇壞了！莫名開始反思，爲什麼我愛喝粥呢？或許是因爲，這是我小時候對出家時美好生活的想望：早餐，一定要喝碗粥。

每個階段，我們都會有很多的想望，想讓我們在那個階段活得更堅強與燦爛，但是當事過境遷，如果我們還緊抓著那個想望不放，似乎就會變成一種偏執。對我來說，當我意識到這種偏執，而開始學習看著當下、學習不再抓著、學習感受與順其自然，其實會感到一種更深的自信，一種「我不需要特別抓住什麼生活，也可以活得很好」的自信。

畢竟，活著本身，就是一件非常值得有自信的事情啊！

1 蘋果與檸檬——快速失敗背後的快速學習

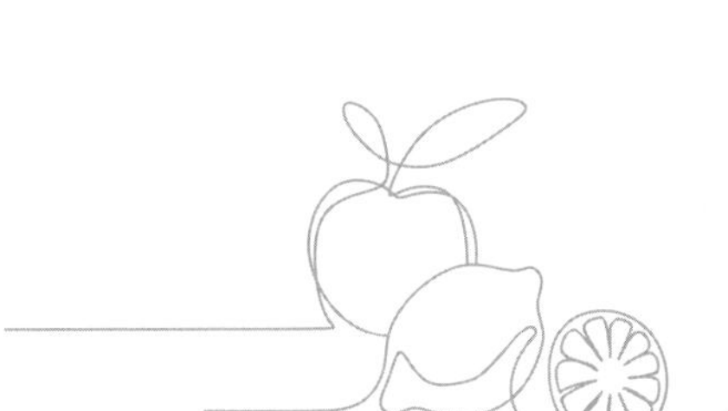

我一向挺愛檸檬汁的。以前在印度讀書時，有時會去到一些非常落後而且容易生病的地方，比如傳說中的佛陀成道之處：菩提迦耶，它位於全印度階級內鬥最強烈、也幾乎是最貧瘠的比哈爾省邦（Bihar），那是一個塵土飛揚、溫差極大的地方，所以我們每每去那裡開會時，就極容易發燒、感冒……

所幸，印度不論哪裡、再怎麼貧瘠的村落，只要有餐廳，或是小吃店，都可以點到蜂蜜檸檬薑汁茶，店家會在玻璃杯裡面倒入一點蜂蜜、薑絲，放入茶包，並加上熱水，最後擠出幾滴檸檬汁進去，就成了這杯飲料。

不知道是不是心理作用，也或許是因爲蜂蜜與薑汁的確可以緩和喉嚨的不適感，總之每次喝了這杯飲料，就會覺得自己好些了。直到很後來我才知道，其實檸檬汁放進熱水中，維生素其實很容易被破壞，保健的效果並不明顯。

在印度生活，給人最大的鍛鍊是「從無趣中找到有趣」的能力培養。有個笑話說，印度人是非常好奇的種族，如果有個印度人站在路中間看著天空、什麼都不做，大概五分鐘後，他旁邊會圍繞二十個印度人跟他一起看著天空，看他在看什麼。這個笑話強調的是印度人的好奇性格，我個人認為說得挺到位的。舉例來說，印度人是個遲到成性的種族（尼泊爾也是），每次我們跟朋友約時間碰面時都會補充一句：Indian time，也就是說，這個會面時間是按照印度人習慣的時間，所以大家都會稍微遲到個二、三十分鐘，非常正常。

記得剛到印度時，我很不習慣。各種遲到、誤點，其實讓人很焦慮，特別是火車、公車、飛機等各種交通工具。這類誤點發生時，實在是令人焦慮不已，因為往往一個行程後面還會卡住一個行程；一旦前一個行程延遲了，後面的行程也自然得被迫延遲。有時候，當地飛機一天只有一班，一旦前面行程延誤，導致你錯過班機，也就意味著你得在當地多等一天，才能搭上第二天的飛機（這還是幸運的情況，有些時候第二天飛機已經滿了，或是航空公司不讓你換票之類的）。

慢慢的，我學會不要把行程排太緊。如果飛機誤點，就改搭公車；雖然公車有時也會誤點，而且常是因爲一些很瞎的理由，印象最深刻的一次是，某個路段上有對夫妻吵架，老婆帶了一堆輪胎丟到馬路中間點火燃燒，然後那條唯一的路就封住了……

如果誤點是比較短時間的，那就在當地四處逛街、吃吃小吃，或是跟陌生人聊天，聊聊他們的家鄉，聊聊我的家鄉。記得有次我遇過一個印度人，他從家鄉的田野出發，跋山涉水，身上還帶著一個小罐子，裡面裝著他媽媽的骨灰，計畫到聖城瓦拉納西，將媽媽的骨灰倒入恆河，送媽媽最後一程，他平靜的神情令我印象深刻。

直到有一天，在一個私家旅行社等機票，我已經忘記當時是要從哪裡飛到哪裡了，總之我的機票已經被延期兩次，但我習慣了，所以沒什麼情緒起伏；旁邊有個跟我同樣經歷的俄國女生，情緒非常激動，一直大喊「Oh no!」「Why is this happening to me?」的時候，我才意識到自己早就習以爲常，而且不會受到這種印度的日常影響了。

挫敗後，可有進境？

記得前陣子讀過一本書，裡面談到關於「快速失敗」一詞的意義與反思：在諸如矽谷等科技菁英聚集的所在，大家都在追求快速失敗，因爲其後帶來的可能就是快速成功。然而，該書談到的快速失敗並不是重點，重點在於快速失敗背後的「快速學習」。

失敗本身之所以不是重點，因爲重要的是面對失敗與困境後，我們所學習出、磨練出的能力。如果一次失敗沒有給我們帶來任何進境，那樣的失敗，其實也就失去了意義。就像印度的誤點文化，如果沒辦法讓我們從經驗中得到任何進境，那樣的經驗無異於單純的折磨，並不蘊藏任何祝福。

我很喜歡的作家佛里曼，在他寫的《謝謝你遲到了》一書中談到，他長期觀察、發現人類的「緩慢熟悉之習慣」與現實科技「快速發展之摩爾定律」開始出現矛盾和距離時，如果能接受慢一點、跟不上一點，人的焦慮感會降低許多。在他大量調研並產生這個認知後，某次與人有約、對方卻遲到了，當時他更深刻體悟到，自己其實不需要被「急迫」的概念所綁架，而眞實地向對方說

「謝謝你遲到了」。

可見，重要的關鍵並不是事件，而是事件是否能讓我們培養出某種能力或是觸發出某種能力，而這個不停在困境與不適中培養出美好能力的過程，正是人類的一種「反脆弱機制」。所謂反脆弱，意指人類生命的心智能力中，有很大一部分是「越加鍛鍊、越加傷害」會「越加強壯」的，這種能力的強化，能讓我們克服自以爲無法克服的危機。

回到例子上來看，人生中許多時候會拿到檸檬，但很少人會去眞正品嘗它。我們下意識都會躲避檸檬，因爲從小到大，別人都跟我們說檸檬很酸很可怕；我們會想爭取美味的蘋果。重點不是被喻爲討厭之物的檸檬、所喜歡的蘋果，或是延伸出來的檸檬汁，而是榨出檸檬汁的能力，因爲這些能力可以讓我們變得更強壯、更能面對自己的恐懼。然而，事實上，想得到比檸檬更好的東西，與接受檸檬汁是兩種不同的本事；前者重視的是沒有前提的爭取、是一種「主流社會告訴你什麼是好的」或是「你已經習慣什麼是好的」，所以沒前提地去爭取自己本來認爲的好。在這個過程中，我們沒有得到任何其他能力的鍛鍊，也就失去可以培養另一種品味的機會。至於後者，我認爲那是一種品味、一種不論拿到什麼都能打出一手好牌、一種處理世界問題的力量。

平心而論，如果你想主宰自己的生命，那麼不論面對什麼事件與生命歷練，都能從中得到啓發、體悟與成長，就是你不可或缺的一種自我鍛鍊。因爲，只有當我們穩建地享用著每種酸甜苦辣，我們才是活著在品嘗。生命的品味，不就該來自多元的體驗嗎？

2 故事書或工具書——你知道這城市凌晨四點的樣子嗎？

這本書是我的第六部作品。

很多人問我，寫書的過程是不是跟生孩子一樣？對他充滿期待，並且充滿了各種複雜的感受？

其實我覺得某些地方是滿類似，某些地方倒不盡然。深刻記得在我的第二本《別讓世界的單薄，奪去你生命的厚度》中，有些句子在我當初寫的時候，沒有特別留心或覺得寫得很厲害，但意外的是，書本問世後，許多朋友對幾個特別的句子印象深刻，甚至看到不少讀者朋友用挺美好的字體去書寫，並放在社群媒體上。

因爲在書寫出來之後，還可以稍微影響、盡量主導自己對它的想法跟思考脈絡，但是它必定會有自己的發展，這個發展是作者無法強制主導的，就和父母之於孩子一樣。從這方面來看，寫書的確像是生孩子。

但從另一方面來說，書必須慢慢雕琢，反而更像完成雕塑作品一般。對待孩子，用這樣的心態好像不太健康，因爲孩子是個動態、成長的個體，而書的確在某個當下是靜態的，是自己可以盡一切心力去雕琢的，這方面跟生孩子又不太像。

我的前四本書比較像是論理型的，闡述一些佛學理論與哲學觀念，第五本書則是我自己的生命故事；身爲作者，大家每次都會問我，最喜歡自己寫的哪一本？說實在的，我也說不上來，每一本書對我的意義不一樣，有些是我第一次碰，有些寫的時候有很多反思；有些寫得很順，有些則是受市場歡迎，有這麼多元面向的情況下，要怎麼說哪一本最好呢？

不過，如果我自己做爲讀者，可能就會有喜好差異了。早些年，我比較喜歡讀論理明確，以及論證龐大的書籍，舉凡國際政治、社會傾向、歷史與哲學討論等，都是我會關注的；當時我最不會放在心上的書，絕對是文學或詩集，因爲覺得那是風雅之人、沒有什麼生命苦難之人，才會去閱讀與寫的書。

當然，小說也不會是我有興趣的，除非是我本身在關注的議題，比如神祕學、神話故事等，諸如丹·布朗的系列著作，我挺喜歡的。

我不但閱讀如此，連日常生活的很多小細節也如此，喜歡追求效率、精簡。比如相對於品嘗一杯咖啡，我會直接喝雙倍濃縮的Espresso，因為那裡面濃縮、提煉出了咖啡因的精華，可以直接滿足我的需求，不用再花時間慢慢喝整杯液體。

我後來發現，有些東西是即學即用、追求效率的，就好像我喝Espresso是要提振精神，所以它背後的整個濃縮與精化過程並不重要，我只要能「快速使用」即可。這類似工具書一樣，只要可以把做法、觀念與建議，濃縮在幾個核心步驟，讓人「即學即用」。就像老行銷人說的，客戶需要的是牆上的一個洞、不是電鑽，拿電鑽來只是為了達成「鑽洞」這個目的，所以工具本身追求的是精簡與效益。

有些能力，得靠慢慢長出來

但有些東西，甚至很多東西不是，它不是「拿來用」的，而是要「長出來」的。比如說，一個一向防衛心極重的人，要對人性有所信任，就需要一些勇氣；有了勇氣，願意在生活場景中放下敵意與習慣，試著不怕被傷害，而伸出手、釋出善意，也才能建立起對他人的信任。

這個過程中，「信任」不是一個簡單能即學即用的工具，而是一個必須栽種、施予正確的肥料才能成長茁壯的結果；它不是純粹靠「理性推理」就能得出的東西，必須在許多諸如安全感、勇氣、堅持等感受與情緒交織的情況下逐步培養出來。

有趣的是，雖然工具書讓我們即學即用，眞正能對我們有所啓發的，或許也是這樣的內容。我覺得最典型的例子是，有人曾經問過柯比．布萊恩爲何能極爲成功，他回答：「你知道洛杉磯凌晨四點鐘是什麼樣子嗎？」這段話無疑意指他花了極多時間準備與練習。但是，這樣的一段話只有在剛剛那個場景、對話與主角等都具備的情況下，才會有當頭棒喝的作用，如果我們把這些背景抽走，僅僅寫一句：「你知道洛杉磯凌晨四點鐘是什麼樣子嗎？」任何人應該都不會覺得這話是在強調努力的重要性吧？

之所以會有這些差異，或許來自當情境正確了，就能夠傳遞給人強烈而直接的感受，而這些感受所含藏的訊息：努力、勤奮、堅持等，遠比口頭上用理性方式說教，要有意義的多。

歸根究柢，許多珍貴的體悟並不是「工具」，而是在細膩的情境中，透過各種細節堆疊出的要件，而這些要件讓我們得到某種感受，進而看到後面的啓發。

漸漸意識到這件事情後，我開始用截然不同的方式看待本來自己下意識會排斥的東西，包括上述的文學與小說，因爲這些用文字點點滴滴陳述感性、情緒、感官經驗，而從情境中「長出」的體悟，需要的時間比「即學即用」還久，但是會更篤定而踏實。因爲那是我們被觸動而產生的信念，就像我現在已經不太記得任何工具書中，告訴我「努力」的樣態與培養方式；但是我不曾忘記那句：「你知道洛杉磯凌晨四點鐘是什麼樣子嗎？」

不論是書本，還是生命中的點點滴滴，或許都可以歸納到「故事性」與

「工具性」兩類之中。功能性的東西讓我們用理性腦來吸收、讓我們可以即學即用，但因爲我們多半沒有經歷過它、感受過它，所以難以扎根落實。相對的，故事性、浸潤式的東西，往往才能感動人，並使人得到啓發，而人正是一種靠感覺驅動的生物。

生命中，我們有時候需要故事，有時候需要工具，但我們自己的生活呢？你想要追求效率而活，還是追求感受而活？如果追求效率，會讓我們錯過很多風景，那還叫做「活」嗎？

3 儀器與人
——生命永遠與溫度相連

我很小就意識到死亡。

首先，我媽媽是個非常虔誠的佛教徒，從小就與我分享許多佛家弟子在面對死亡時，應該做好的心理準備與心智訓練。特別是現代在華人地區做爲主流的漢傳佛教，基本上都把極高的關注力放在「死亡」上，我甚至聽過一些漢傳佛教知識素養頗高的法師說，修行是在「修死的，不是在修活的」。

第一次親自面對死亡，是經歷了外公的離世。那時候我約莫五歲，其實沒什麼強烈的感覺，畢竟也太小；只是看到一位平常挺疼愛我、高大的長輩，突然躺在那兒、一動也不動，身旁還有阿姨因爲悲傷哭泣，情不自禁地去觸碰外公的大體。依稀記得我當時一直想阻止她，因爲民俗佛教認爲，如果移動亡者

的大體，其實對他有極大的傷害，我當時深受這些觀念的影響。

年歲稍長，在臺灣出家之後，對於死亡的體會就更多了。因爲宗教身分所賦予的某種義務與責任感，我們時常得去殯儀館或安寧病房，進行臨終關懷、助念或超度，因此幾乎每天都在面對死亡，甚至一天還不只看到一位亡者。這些經歷或許對我後來思考哲學問題很有幫助，也在我一本略爲暢銷的書籍《別讓世界的單薄，奪去你生命的厚度》和我的自傳《難以勸誡的勇氣》中論述頗多。

不過，我在這兩本書中沒有提到的是一個價值判斷，也就是「急救」：身爲佛陀的弟子，我們認爲生命在離世的當下，並不是按照現有的方式來判斷其生死。也就是說，一般醫學或許會以心跳停止，或是腦死、停止呼吸，來界定這個生命已死去，但是佛法認爲「生命」是一種物質與精神一體兩面的存在，而其在物質面的表現就是溫度；換句話說，只要一個人還保有人的常溫，他就仍然活著。

藏傳佛法中有無數大師在科學判斷已經過世後，仍然處在禪定狀態中數小時，甚至長達數天。這種情況下，雖然他們已經停止呼吸、心臟也停止跳動，但是其體溫不退。這種有記載的案例非常之多；這也間接佐證佛法的觀點：生命與溫度是連接的。

著眼當下，不被恐懼、壓力帶跑

既然如此，引申出的下一個問題就是：一般醫學認爲死亡的時刻，其實依佛法來看是尚未死亡的。不論是在醫學標準中的臨死前進行急救，或是死亡後進行器官摘離，佛法都認爲這是在「當事人還活著時（因爲溫度退盡需要一段時間）」進行電擊或摘離，其所感知到的痛苦雖然不一定與一般在生時一樣敏銳，但是其強烈程度也不容小覷。

所以，急救或器官捐贈，會對亡者的感知造成極大的影響，而這種影響極有可能讓其產生強烈的不滿情緒；畢竟被電擊，或是活活被切開，不是一件舒服的事情。重要的是，亡者此時此刻的情緒，正是影響他「投胎去處」的關鍵期；所以，爲其創造一個負面的情緒，絕對不是一個好的選擇。

基於這些原因，正統佛法理應是不鼓勵急救的。當然，我個人也不希望自己臨終時被急救，但我想說的是，自己在相關場合中旁觀到急救的經驗。許多人在還健康時，都會說自己屆時要放棄急救，也會這麼告訴親近的親友，但是真的到了那個時刻，就算本人沒有意願，親友往往還是會要求急救，一方面原因在於，生離死別的突襲真的很容易讓人不知所措，本能地會慌了手腳，另外一方面則是面對其他親友的壓力、規勸，變得好像「不急救，就是不孝、不愛」。

所以，我自己就經歷過在臨終時分，當事人的親友都忙進忙出，或有人忙著找護理師、醫師幫忙，或有人緊盯著心電圖儀器，但就是沒人看向當事人。特別是急救時，家人幾乎都得退到後面，只剩下醫師與護理師等專業人員圍在當事人身邊。

那種時刻，我們，或至少我，往往就只會看著亡者。我時常想，如果亡者最後一眼看到的，都是圍繞在身邊的醫護人員，親友們卻被擠得遠遠的，應該滿不開心的吧。

老實說，我不否認「延壽」是每個人都想追求的狀態。畢竟死亡太過可怕，我們對它也實在太無知；就算死後可能更好，還是遠不如現在我們已知的熟悉感。但問題是，當「失去」與「失敗」必然發生，我們卻仍然心懷僥倖、期待可以延長一下、躲過一下，最終往往會連珍惜當下的機會都沒有。

其實，我自己有時候會用當初受到的佛學邏輯訓練，來思考「句」的可能性：所謂「句」，意指各種可能的狀況，如果我們將「失去」的現實與面對的方式用四句組合來呈現，或許會更清楚。每次面對失去到來時，我們可能會有：

一、終究確定失去，珍惜當下，而不後悔。
二、終究確定失去，努力挽回，以致失去當下。
三、最終沒有失去，珍惜當下，而感到慶幸
四、最終沒有失去，努力挽回，而更加擔心下次失去的到來。

細思之，會發現這四種可能性中，唯有珍惜當下才是划算的。

有些人可能會覺得話不能這麼說，因爲有些失去是不確定的，如果在當下沒有努力挽回，可能就會導致眞正的失去；但珍惜當下不代表不作爲，而是指專注於當下所面對的事情，不要被自己腦海中的恐懼、壓力與期待所控制。

雖然瞻前顧後、未雨綢繆是人的一種生存本能，但問題是，當失去與「失敗終究必然發生時，你可以有兩種選擇：一種是害怕失去發生，一直揪著、謀畫著，就像盯著心電圖，謹慎小心而害怕失去的人一樣；或是另一種看著床上的那位愛人，好好地看個夠，不讓自己在那一刻虧本了。

我的經驗是，有時候，這種面對失去與不安時，不瞻前顧後、不未雨綢繆，而是單純「看著當下」的真誠，反而意外地能讓人活下去。

4 客人思維vs.主人思維——自己的生命別叫他人負責

佛法教育的第一課是「無常」，佛陀認爲這能讓我們對於生命的眞相、遷變性有所體悟，進而做出正確的選擇。事實上，無常的學習跟體認，在佛法修行的各階段中都極爲重要，只是這種體認在某些階段是知識上的，某些階段則是直觀上的。

不可否認的，對於無常的體認，容易讓我們得出一個結果，亦即將此生視爲一個短暫的停留點而已。我印象深刻的是，剛到印度讀書時，學的第一門課其中的一句：「識客捨棄身客房。」意指我們的靈魂如同客人，此肉體則有如客棧，我們暫居於此客棧之中，但終究會離去。

體會無常，的確會讓人覺得自己是客人。不過「客人思維」往往會讓我們掉入一種危機，亦即不負責任，甚至認爲要被服務好的危機。當然，不可否認的，佛法的思維中對於「主人思維」有種本能性的恐懼：佛法中有一個知名的論點叫做「無我」，但由於語言的翻譯限制等各種狀況，讓我們對這個詞往往有種誤會；所謂的「無我」並不是沒有我；在梵語中，這個「我」的原文叫「Atma」意指主宰者，所以無我最正確的解釋應該是「無主」、沒有「主宰者」。

佛法認爲，人對於「主宰者」有兩種傾向：一種是認爲大自然中有一股外在的力量、獨立於我們之外的力量，是我們生命的主宰者（這種觀點被稱爲「遍計我執」），另一種則是認爲自己的生命中有某股力量（靈魂、本我、超我？）是自我生命的主宰，我們可以控制自己的生命。

或許因爲「主」一詞會讓人想到「控制」，而佛法正是認爲世界上沒有誰可以單獨控制誰，所以否定主、我、Atma的存在。

不過，「主人」一詞跟「主」可能還是有些差異的吧！「主人」似乎帶有多一些責任感，事實上這也是佛法想要強調的：只有當你肯定沒有外在的「主」在控制你時，你才會負責任地去承擔起自己生命的責任。

或許也因爲如此，佛法後期出現修正性觀點，認爲人的生命本身就是主人，而且要意識到自己是主人；甚至更認爲，意識到自己是主人與把自己當成客人，這兩種思維上的細微差異，會導致一個人在走向覺悟的道路上，所花費的時間有天壤之別。

像剛剛說的，客人思維，似乎就不太負責，或是不用負責，期待自已被好好服侍、招待；反過來說，主人思維，則是認爲自己有責任、有義務去把一件事情處理好。不過，主人思維與那種愛出風頭的客人也不一樣，因爲有些人或許會認爲主人享有的是權利，所以愛表現、愛自我展示，甚至得到與行使某種權利，就叫主人思維。

然而，主人思維的本質，應該是承擔責任，而非使用權利。這些微的差異，會導致結果上極大的不同。不過這是後話，暫且不表。我想先說一個我自己身上發生的故事，聊聊客人思維與主人思維的差異。

自己要負起最大的承擔

一般來說，我認爲自己是個難搞的人，所以往往覺得，我能夠做到最大、最好的事情與底線，就是把自己難搞的脾氣收起來，把自己顧好即可。舉例來說，我常常遲到，如果我與別人見面時，約定好時間能夠準時到達，就是我對自己最大的盡責了。

但是，我曾經在與人相約用餐時，在又冷又餓的情況下等了對方十五分鐘，對我來說，那實在是超級久；而且在我準時抵達的情況下，竟然還要等人，內心認真覺得難以理解跟困惑：「欸，奇怪，我都準時了，竟然還有人敢給我遲到。」自然，我後續的反應、互動，也因爲內心這種不適感而卡卡的，總覺得應對進退時有哪裡不對勁，而這種卡卡的感覺也傳遞給了對方，讓對方有相同的感受。

我以前一直不覺得這樣有什麼不對勁，但老是覺得好像不太舒服，也讓我感到挺挫折的。因爲自認把自己需要負責的部分處理好後，竟然還是會因此在某些場合與情況中，感到不知所措與微微的惱怒。當然，你可能會想：「那我下次不要跟這個人見面不就好了？」這樣說是沒錯，但或許是我所受的訓練背景影響，我一直認爲：人自己的不適，沒有辦法透過躲避環境或是選擇場域來躲開，因爲生命總是充滿了意外和不確定性；唯一可以做的事情，是找到自己內心中造成這份不適感的動因與觀念，才能得到緩解。

我後來發現，或許是因爲我對這件事抱持的是客人思維。好比一個客人，參與別人的活動與宴會時，會認爲自己已經穿好最恰當的服裝、帶好適合的禮物與態度到來，已經盡了自己的禮數，下一步發生的差錯和問題，則顯而易見是主人（對方）造成的。

既然盡了自己的責任，其他就不是我的事了，是別人要負責，這就是我所說的客人思維。

我就是因爲有這樣的思維，才會認爲自己都準時了，對方怎麼還好意思遲到?!或是在對方到達後，我內心還是沒辦法平復，認爲對方應該要主動、負責去緩和兩人之間的那種尷尬感，進而因爲對方沒這麼做而感到不對勁。

然而，我們才是自己生命的承擔者，也是唯一要爲自己感受到的種種不適、不妥去負責的人。當我們理所當然認爲別人「應該」如何負責、自己「應該」如何被照顧時，換句話說，就是認爲自己的這些感受、自己的生命，都要由別人來爲我們負責與承擔；其所延伸的結果是，我們把自己生命的舒適感、快樂等權利交付出去，再抱怨沒有人能夠接得住它。

其實，如果我用的是主人思維，局面或許就會有根本上的改變。當然，做為一個主人，可能仍會對客人的遲到而感到不悅，但是主人會負起讓場面變得融洽的責任，會學習體諒與等待，並照顧好客人；會重視負責，而不是如何被對待……

當你負起責任，才能主導不悅感要往哪裡去。不論是根深蒂固的放棄與某人相處，或是轉化那份僵持與尷尬；當你等待被招呼，你就只能被這種不悅感追著跑，同時無力回應。

追根究柢，主人思維能讓我們設計、調整、承擔生命與生活中的各種可能，以及各種意外的來臨；而客人思維，則只能讓我們被動的接受，並且往往流連於「因接受而不適」的過去經驗，或是害怕「即將到來要接受的經驗」。若是如此，我們便是被生活給「追著」，而不是「活著」。

5

King與Kingmaker
——從贏者全拿，走向均富

你喜歡自己的性別嗎？如果有下輩子，還希望維持這個性別嗎？

我是男性，生理上跟認同上都是。求學時期，我跟一堆藏人和蒙古人住在一起，他們屬於比較草莽、雄性特質強烈的民族，所以我的笑聲、脾氣，甚至某些做事風格，也受到他們熏染，因此自認是一個「挺男性化」的人。

我常說，社會上對於男性跟女性似乎有不太一樣的期待，大家必須具備的能力也不太一樣。一開始我的觀察點是從情感觀切入的，因爲常收到身邊友人、觀眾或讀者的提問，讓我觀察到一個現象：男性往往是贏者全拿，女性則往往是均富。也就是說，有些男性在交往市場上可能居於弱勢，幾乎終生都沒有什麼對象，也沒有什麼機會；但相對的，那些被認爲在社會上居於優勢、擁

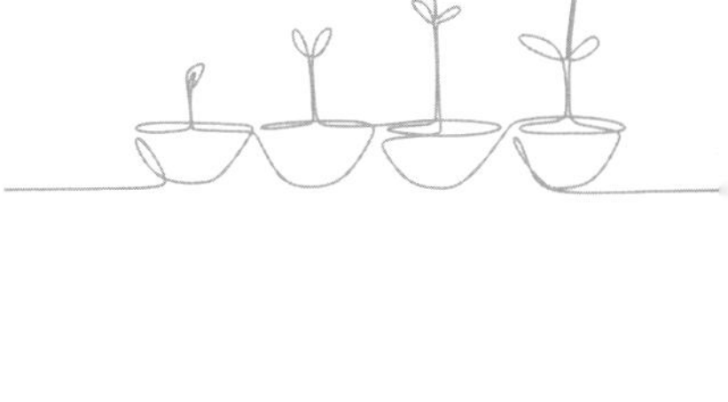

有良好特質的男性，則是「贏者全拿」——他們每個人，可能同時都有許多女性喜歡與欣賞。

這就像是資本主義社會的現況：貧者越貧，富者越富。大量的「交際資源」會流動到社會上認定為「贏者」的男性，而其他男性則極容易掉到「貧無立錐之地」。

相對的，女性的狀況則不太一樣。大部分的女性，至少會有一、兩個男性喜歡；當然也會出現像男性的「贏家」那樣，贏者全拿、很多人追求的狀況，但是比較不太會出現「貧無立錐之地」的局面。一般的女性，只要有些基本條件，至少身邊都會有一兩個追求者存在。

我後來發現，這個現象或許與社會上對男女的期待有根本性的差異有關。一般來說，男性在「事業」這一條跑道上，似乎被賦予較高的期待。社會也幾乎是以這個單一標準，來檢視一個男性的成功程度。一旦比較的準則、價值的準則只剩下一種時，自然就會出現剛性、單一的比較；畢竟，在同一條跑道上，就只有跑前面的領先或跑後面的墊後、分數高或分數低兩種選擇，所以在前面是「贏家」，後面是「輸家」，也就很理所當然，引申出的「贏者全拿」

邏輯，也就很可以理解了。

相對的，女性像是同時必須具備很多能力，像一句很政治不正確的老話說，女性要進得了廚房，出得了廳堂。不但如此，還必須具備外貌、持家、才情等諸多特質，幾乎是一個全能的角色。然而，因為必須具備的能力頗多，所以這種在「單一標準上極度優勢」的要求就被稀釋掉了。因此，女性似乎只要每個特質都稍微有一點、有顧好，不用在某條單一跑道中搶到最前面，也能被社會認可。

或許，這也是為什麼女性受到的對待「均富」一些。這個女性可能在這個面向上不占優勢，但在另一面向上非常擅長；那個女性可能不善於持家，但是外貌極佳等等。當一個「評分」是多元標準的時候，就會出現「青菜蘿蔔，各有所好」的情況，每個女性之間的比較就不是單一的「贏」或「輸」，而更像是不同的長處各有人愛。

做為男性，我自然更會反思單一跑道思維：事實上，近代西方一直有種聲音，就是近兩百年來的「工業社會—後工業社會」發展的過程中，每個人都被當做商品和工具，我們的多元能力與努力被剝奪，只剩下單一標準——價格。當然，價格理應是價值的反映，但問題是我們對價值的檢視標準，也變得越來越單一。

問題在於，這樣的框架下，大家只會一路在一條跑道上往前衝，有點類似上面說的「男性思維」一般，讓我們失去其他的能力，只剩下單一標準在看待世界。然而，這是違背人性的，就像工業社會將人變成工具時，會給我們帶來極大的心理痛苦與不適一般。

當陽性搞不定時，就交給陰性來圓滿

多年前，我曾跟一位要好的英國籍朋友聊到類似的問題。她是一位嬰兒潮時代出身的年長女士，生命中超過一半的時間都在印度奉獻，致力於教導年輕的藏人和印度人學習英語。我們時不時會見面，當時，正值卡麥隆首相下野，有一天我與她聊起相關議題。她告訴我，當時西方社會出現一種思維，檢視這些「菁英政治家」：他們一致都是出身貴族的男性，從小就讀「公學」，在純男性的環境中，也就是弱肉強食、競爭力極高、單一跑道的環境中長大。

她告訴我：「問題是，他們因此在很小的時候就關閉了內心與眼界，只專注在那單一標準的勝利。當這些人掌權後，也就因爲慣性使然，不再聆聽其他人與他說的話，無法採納建議。」

她是位可愛的女性主義者，我記得那段對話的結尾是，她強調當男人們搞不定問題時，就交給善於協調和關注別人的女性來負責。

哈，挺可愛的。

我後來才發現她說得很對，男性主義其實不是男人才有，而幾乎是現代工業社會中許多人或多或少都有的一種特性。大家追求單一標準、在單一跑道上競速，所以只相信「輸與贏」的邏輯，想透過證明自己很強、能贏，來吸引他人和與他人互動；問題在於，會被這樣的人吸引的人，並不是眞的敬佩「多元的」你本人，而是你的「贏」，因此當你不在這個「贏」的位置上時，就立刻被無視。

我漸漸覺得這種男性主義、「King」的思維，不會讓任何人感到舒服與眞切，反而讓整個互動關係自然變成「零和關係」。在零和關係中，沒人是放心與自在的。相對的，退一步的「Kingmaker」思維，透過給他人機會與舞臺、認可人的獨特性，這樣的處世風格才能真正釋出關心，讓人感到安全，並令自己受到喜愛。

舉個在印度哲學中常用的元素例子：像「火」需要的是單向的衝擊、奮起的能力，但像「水」則需要多元的身段能力；這種多元的能力，其實不是重視「自己」，而是去創造出一個氛圍，讓自己處在那個氛圍中可以覺得舒適而自在。

畢竟，生活不是只有自己，還有身處的環境；如果沒有環境，這個自己再怎麼像個King，應該也很無聊吧？

6 永生花與眞花——活出生命的增量思維

我內心其實一直有兩種聲音在拉扯：一面謀畫成功，一面又害怕成功。謀畫成功，這幾乎是每個人都在追求的事情，畢竟人生各種忙碌，大多是追求某種程度的成就。當然，每個人追求的成就不同，有些人想要賺個幾億元、有些人想要建立一種學說、有些人想得到一定的權利、有些人則想有個穩定的家庭與愛的人……非常多元。

印度哲學認為，這些多元、不同的事物與目標，每個都有各自的特點、面向，所以稱之爲自相，也就是各自擁有不同特色之意；反之，這一切的目標、成就、成功，也都共同享有一個特點，這種特點在專有名詞上稱之爲「共相」。

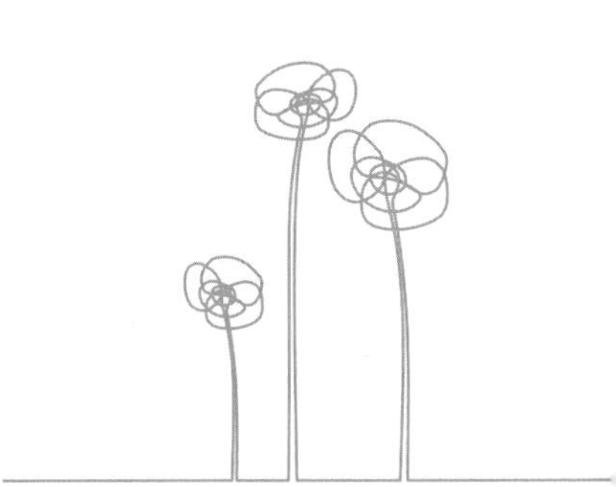

這些共通的特點是什麼呢？

讓我先把上面說到我「害怕成功」的原因說完再談。我害怕成功的原因是，當你還沒成功時，你有一個具體的目標、具體的步驟可循，可以在一條道路上狂奔，更會願意爲了適應生態，不停自我調整，選出最適合自己的位置。但是，一旦你成功，這個成功或許就變成一個緊緊綁住你的繩子。由於你已經成功，你或許會開始不那麼關注脈動、不想著要狂奔，只想要固守它。

然而，這項成功的結果並非憑空得來，是來自我們自己過去跟著脈動適應、調整才長出來的。如果爲了緊握這個結果，不在適應、調整上灌溉，那麼這顆果實終究會枯萎，而枯萎恰恰是因爲我們緊握它所導致的。

總之，我害怕自己會因爲謀畫成功的過程辛勞，所以想在得到成功後「歇會兒」，失去了對成功過程中脈動的關注、調整與適應；更重要的是，成功後的調整與適應方式、與未成功前的調整與適應方式也有不同，所以必須調整成另一種新的模式，其實非常累人。

回到剛剛說的「共相」。印度哲學認爲，所有的成就都有一個共通點，就是無常。亦即這些成功，既然是透過我們做對了某些事情、創造了某些條件而達到的，一旦不顧好這些條件，這項成功就會立刻瓦解、消失、分崩離析。

這麼一想，努力成功很難，成功後要維持也很難。人生好像都難呢！

不這麼理解的話，也難。因爲這是事實，我們唯一能做的，是順著這項事實去調整並看到契機，而不是躲避。我必須得說，早些年我對成功的體悟並不深，老是在追求一件事情完成後的定點，或者說成功的定點，並且認爲只要用各種手段、方式，可以敲到那個定點，一個階段的事情也就終結了。

舉例來說，早年去印度讀書時，我一句藏語都不會，但是爲了讓自己達成進入高級學院求學的理想，我用盡一切心力去學習藏語、梵語……取巧地跳到那個入學的「點」上。事實上，若依照當地傳統的教育制度，我至少必須經過八年的語言學習才能到位，但是我當時就是清楚估算，自己必須短時間內具備哪些能力、放棄鑽研哪些能力，將一切精力與資源，調配到能最快速到達入學目標的方向上。

當然，這個入學目標，不太像前面說的成功，因爲它是一種能力的肯定，而不是一種結果，也不會有入學後如果沒有繼續練藏語，就會失去入學資格之類的事情，最多只是表現不好被退學而已。

因爲我的求學過程多是如此，人生的許多工作過程也與此類似，所以已經養成了這種「走最短的路徑到達目標」的習慣與思維。這種習慣的特點是當我到達目標後，會下意識地往下一個定點推進，推進的過程中，我完全忘了回顧原本那個已達成的目標。

累卻心滿意足地活不好嗎？

然而，以前求學時追求的是「個人」的位置，這麼做問題不大，但是出社會後要做的事情，則是牽涉到人與人之間的合作和協力，還這麼做的話，問題就大了。試想，任何的成功都是來自於創新或人脈的經營，而這些東西恰恰需要一直照顧、灌溉與維持，一旦沒了關注的精力，很容易就會失去。因爲擁有而得來的成功，也就像海邊的沙堡一樣，隨時會被大浪摧毀。

其實，不僅是遠大的目標、生涯規畫如此，任何與人有關的事情，包括友情與愛情，本質上都是需要經營的；而所謂的經營，意指這段關係都是動態，而非靜態，不是一個達標後就恆定不變的過程。

當我們認爲人與人之間的模式是靜態的，就會以爲只要做到什麼、達到什麼，就是終結；但生命是動態的，如果抱持靜態思維去面對，終究只會感到更無力。事實上，我前面雖然說動態的經營過程很難、達標後要繼續經營也很難，但是，會覺得難，其實正是因爲內心還有個對靜態的想望，尚未眞正在動態中感到樂趣與熱情，才會覺得難。

反過來說，當我們接受、享受動態的過程，樂於從經營、觀察脈絡、感受生活中去創造自己的追求與幸福，就不會覺得難，而是覺得累；然而，正是累與心滿意足，讓人感到活著，不是嗎？

靜態的、想要固守現有成果的「存量思維」，只會讓我們愈加無力；而動態的、積極面對增減衝擊的「增量思維」，才能讓我們活出生命。

就像永不凋零、不增也不減的永生花，擺上的那天，你或許會覺得很美（如果是成功的花啦），但是之後你可能根本不會去看，因爲它都長得一樣。眞花就是另一回事了，從擺上那天起，幾乎無時無刻，你可能都會去看一下，因爲它會變、會凋零，也會謝，正是這個動態，讓我們覺得珍惜、美和投入，願意去經營，進而感受到「活著」。

7
墨鏡後面的眼神
——承認弱點，生命會更強大

眼睛，一直是我的弱點，不論是生理上，還是心理上。

先天基因決定了我有近四百度、嚴重的散光；加上小時候我不太會照顧眼睛，時常在晚上媽媽關燈後還偷看書啊什麼的，所以近視也就愈發嚴重，以至於我剛上國小就需要戴眼鏡。一路戴到我從印度讀完書回臺後，才做雷射手術、不必再戴眼鏡。

看人也是，以前我的老師就曾預言過，我一定會「看事很準，看人不準」。果真如此！我在建立自己的宗教圈教學體制時，寄與厚望的人，事後往往都證明似乎不太妙；而那些我本來沒有特別期待，甚至連名字都記不住的學生，後來卻異軍突起（也可能不是異軍，是人家本來就有才能，但我沒有眼

光），讓我都不好意思跟人家說當初沒有太看好他。

我還有一個很大的特徵，就是不太看人眼睛。不論是講課還是聊天，我常常看著遠方，偶爾才看向對方眼睛、短暫停留一下後，就立刻轉走。這其實來自我個人的一項獨特的經驗：我十一歲出家後，先在臺灣的漢傳佛教團體中出家數年，後來才去印度求學。在漢傳佛教的學習過程中，雖然我們會時常與許多人接觸，但是出家人非常忌諱的，就是拿捏與一般人、特別是異性的距離。

所以，我當時受到的一項潛移默化的訓練，就是與一般人對話，特別是與異性對話時，不看對方的眼睛。畢竟眼睛是靈魂之窗，也是人傳遞感受等這些比較軟性，並且有可能有更多延伸的情緒時，最重要的媒介；爲了避免可能的情愫發生，所以說話時不看對方眼睛，幾乎是當時我們認爲一個持戒清淨的好僧侶必備的條件。

這個習慣我到現在還是改不了。可能是因爲太不習慣看著別人的眼睛講話了，當我講課時，如果與人對到眼，我會一霎時忘記自己要說什麼，以致若我時常與人四目相交，就會無法完整、邏輯性地把自己想說的話說完。

其實，對於自己無法直視別人眼睛的這個習慣，如果有人問我是不是

「怕」，答案當然不是。但我爲何似乎無法克服它呢？我也不知道，只知道每當要直視他人時，實在是渾身不自在，所以雖然不是怕，但應該好歹有點「不適」在裡面，而且還挺濃烈的。所以我時常會找一些方法來掩蓋，比如我很愛戴墨鏡，除了眼睛畏光之外，也是因爲雙眼在墨鏡後面時，沒有人能看到我的眞實眼神，自然也會讓我感到比較安全。

但問題是，我沒有想到這樣是否讓人感到舒適與安全。試想一個人跟你相處時，只要在戶外都戴著墨鏡，你應該不會覺得太舒服吧！荒謬的是，我一直沒發現這件事情，甚至忽略別人可能不適。後來意識到後，我開始反思，發現自己許多與人互動的經驗中，對方看起來的不適，本質上可能正是因爲對方不知如何與我眼神交流而起。

不敢直視、無法面對，怎麼辦？

人是很有趣的動物，我們活在互相認同的架構與故事中，一旦有人在這個框架中發生變動，也就會影響另外一方有所變化。最典型的例子是，兩位好友中的一方聽信了謠言，認爲對方在外面說了自己一些壞話。若沒有立刻求證，這種心結可能會在他心中留下痕跡，以致面對好友時態度反常。這樣的反常會使對方也感到彆扭，兩人互動時便不如以往自然。如此一來一回，糟糕一點的，可能就產生了嫌隙。

所以，回到我的故事中，我對直視的不安所採取的規避方案，給別人帶來了不適；因爲對方不適，也讓我對自己必須直視他人有了更多的不安。這種互相造成不安、不適的循環，終究沒有人是舒適的。其實，每次有人提到某個知名領導者，不論是厲害的公司老闆或是政府領袖手段很剛烈，善於使用威權和施壓時，我都會不自覺地想到，這樣的人給人創造高度緊繃的氛圍，但他不就是活在那個緊繃氛圍的風暴中心嗎？既然如此，眞正最緊繃的，不就是他自己嗎？因爲他一直帶給別人壓力，別人的反應也不會是放鬆的，他因此感知到別人的不放鬆時，壓迫感不也會超大嗎？

佛陀曾經用一個有趣的譬喻，來形容這個道理。他說，善與善會聚集，惡與惡也是；就好像一個池塘不論多大，蓮花幾乎都會擠在一起一般。我以前不太理解這個道理，往往覺得這是個形而上的描述，但近年經過自己的思考與觀察，我發現我對這個道理有眞實深切的體悟。

當一個人用直接、舒適、坦然的方式對人時，那些無法習慣的人或離開或閃避，而那些也喜歡這樣相處的人，就會被校正到這種模式。反之，當一個人對人矯飾、不眞誠，就算對方性格坦率，也無法與他直心相處，因爲就算眞心，他也收不到，甚至可能錯判而導致更多的誤會。

簡而言之，我們待人處事的風格，決定了哪些人會與我們更密切，亦即正在營造出自己的生活圈。

然而生活中一定有很多不敢直視的時刻，就像我不善於直視他人的眼睛一樣。有些人不敢直視，是因爲要拒絕別人、知道自己會讓別人失望，或是不想面對自己的不成熟，對於這些我們似乎都會本能的想要閃躲，或是用看似聰明的方式去掩蓋它（就像我戴墨鏡一樣），但因爲內心自知自己不確定與不篤定這件事情，所以其實更會感到彆扭。

我的體悟是，我們唯一能做，而且必須做的，是「接受」自己不敢直視。我們不用逼自己直視，只需要承認，更不需刻意去掩蓋。這樣的方式，沒準能讓最眞實的自己面對困頓，並培養出它的能力，唯一可行的方案——從自己的生命中，活出直視的能力。

我時常被問到，如果被迫上臺演講，但實在不敢面對群衆，有什麼辦法可以讓自己上臺時不緊張？我的建議都是：「上臺前三句話，就告訴大家你很緊張，請大家與你一起完成這場演講。」

你會發現，這樣做之後，結果其實會挺出乎你意料的。

8 藍色的天空——不曾爭執，何來眞正的信任？

你會畫畫嗎？我很不會，我非常非常羨慕會畫畫的人。

事實上，我的藝術創作天分極爲低能，低能到我有些朋友認爲，我是不是連基本的鑑賞能力都沒有。有個好朋友就老是問我一些問題，比如指著兩個顏色差超多、美醜感覺差超多的東西問我：「仁謙，你分得出哪個好看嗎？」或是一起去用餐時，問我：「你有覺得哪些東西比較好吃，哪些還好嗎？」

直到有一次，我要做一張海報，在選用需要用到的紅色時，我在沒有受到任何薰陶、零時尚訓練的情況下，選中的範例正好是當年流行的珊瑚橘色，才讓我這群朋友們安靜，相信我是有鑑賞力，但是沒有創作力的。

我覺得顏色這種東西，特別是繪畫或穿搭，關鍵點在於對比與堆疊。有些

東西，單獨一個的時候可能很平凡或太跳 Tone，但是當你把它放到一整個脈絡、背景裡去看時，突然就變得非常合理而適當，甚至顯得更美。

比如，我很喜歡藍色，任何程度的藍色我都喜歡，包括藍染或是任何深藍色的布料。藏族文化中也特別偏愛藍色，因爲一般認爲深藍是虛空的顏色，而虛空代表不會改變，傳統上用來象徵智慧或是眞理。然而，藏族愛的那種藍色超級深，幾乎深到近黑的地步。印象中，有一次看到一塊料子，就是這種深藍色，但是稍微有點色盲的我一直認爲它是黑的，特別是當時那塊料子被擺在一匹白巾上，更顯深黑。後來，我的朋友，也就是那位印度裔布商，巧妙地將白巾抽走，換成一塊深紅色的布，不知道是不是視覺對比的效果還是什麼導致的，我瞬間就看得出那個顏色是深藍，而非黑色。

我覺得有趣的是，如果一直在黑色與藍色之間塗抹，想去找那個深藍但是不黑的位置，那種深藍之美似乎很難被辨識。恰恰是在一個與藍與黑無關顏色的襯托下，它那「不變異」的美感才彰顯出來。

我後來漸漸發現，生命中很多事情都是這樣。就像一幅畫，一種顏色的美感，可以用另外一個顏色來襯托。同樣的，生命中很多事情，也得互相襯托才會顯得美好；問題是，襯托是一種需要長時間才會看到的結果。因爲既然稱之爲襯托，代表至少有兩種顏色、兩種特質或兩個事件必須發生，但是在結果還沒出現前，你會覺得這是兩件不相關的事，因而時不時覺得只要把其中一項做好就好，覺得只有那一個才與我的結果有關。

舉例來說，我知道許多人在追求愛情時，非常害怕爭執與吵架，希望兩人開開心心就好。所以每次面對不適時，會選擇逃避與閃躲，只要沒事了就好。但問題是，因爲兩人每次都沒有眞正地解決問題的癥結，只是放著、放著，想必那個開開心心的結果也不會到來。

這讓我想到佛學中的一個重要觀念：「智者重視因，凡夫重視果。」而這核心的差別在於，兩者對於「因—果」關係，存在不同的理解與想像。

智者眼中的因果

一般人認爲因和果同類（佛學稱之爲等流因果），因爲人往往是在感受、情緒中打轉。當我們追求一個開開心心的果受，就傾向在每次面對問題時，也選擇一個開開心心的感受。彷彿認爲只要每次爭執都沒事了、都沒有磨擦，最後就可以成就一段開開心心的感情。

就像一個人想畫出一幅很藍的天空，因而在紙張的每個毛細孔上都塗上藍色，認爲只要每個毛細孔都是藍的，那整個天空不就很藍了嗎？

問題是，世界往往不是這麼簡單、這麼直觀，而是更爲複雜的。特別當「因」是一類時，並不代表其「果」也是同一類；試問以「愛」這個良好的因，所構成的果，一定是愛、一定讓人感到溫暖嗎？答案應該很明顯是：不盡然。對吧？

相對的，智者認爲因和果是異類的（佛學稱之爲異熟因果），因爲一個果的構成，往往需要很多東西去累積、堆疊、支撐跟襯托。而這些用來支撐的東西，本身可能跟這個果有很大的差異。回到前面談的例子，一段開開心心的感情，必然是基於信任與許多生活觀的合拍。要建立信任與合拍，恰恰是需要許多磨練、爭執才會出現的。因爲爭執時，往往最容易顯露出自己的價值觀，我們也才能在當下，或是在事後的冷靜期，思考自己是否能與此人相處，並誠心與對方討論、溝通。

沒有過爭執，對方本體的觀念、習慣和想法，就幾乎不會顯露出來，雙方不可能建立信任，自然就不可能有穩定的基礎，何來開開心心呢？然而，爭執與開開心心不是同類，對吧？

這就是所謂的「異熟因果」，也是智者所熟稔的因果。他們知道，就像我前面說的，如果你想畫出很藍的天空，關鍵不是把所有的毛細孔都塗藍，而是用不同的顏色，在適當的地方留下點空間，來襯托出那份藍。

知道「異熟因果」才能有效達到目標，不代表我們每次都能做到。因爲每每當驚慌、陌生與不安的感受襲來時，我們實在很難篤定安心。我也時常會這樣，面對不確定時，還要強迫自己留在那裡面對它，難度很高。

但我的經驗是，只要嘗試幾次，就會發現事實上沒有我們想的那麼恐怖。因爲爭執、不安、衝突、不適、不確定……這些感受對你的影響程度、可怕程度，不是來自於它本身，而恰恰是來自於你對它的陌生感；你看吧！同樣的事情又發生了！恐怖這個果的因並非恐怖，恐怖這個果的因其實是陌生感，又是一個異類因果，而不是同類因果！

陌生感這件事情恰好就是靠熟悉、待著來超越。有趣的是，待得越久你會越發現，自己對這個過程的熟悉度，會更讓你看清這個對象、這個朋友或這段關係，是否有可能讓你們兩個眞正走到開開心心的結果，而不是兩眼一矇黑，最後還得不到自己想要的。

當然，我也覺得這不容易，畢竟我只有鑑賞美的能力，還沒有創作美的能力，但是隨著練習，有一天將會越來越不陌生的，對吧？

9 開車與坐車
——留在當下，真誠感受

你覺得你很會說話嗎？

如果我早一兩年被問到這個問題，我會看似謙遜，實際上挺有自信而篤定地說：「還算會吧（言下之意，就是很會）！」畢竟我從小就參加各種演說比賽，又在印度浸淫於辯論中上萬個小時，後來的工作也都跟教學、翻譯這類講話的工作有關。

不過我後來發現，說話這件事情根本超難！如果你現在問我同一個問題，我一定會說我不會，而且我覺得我這一輩子可能都不會。

其實，辯論的訓練雖然讓我善於「論戰」，但我覺得某方面來說也讓我變得不會「溝通」，特別是印度哲學系統下的辯論，往往以明快、指出對方矛盾

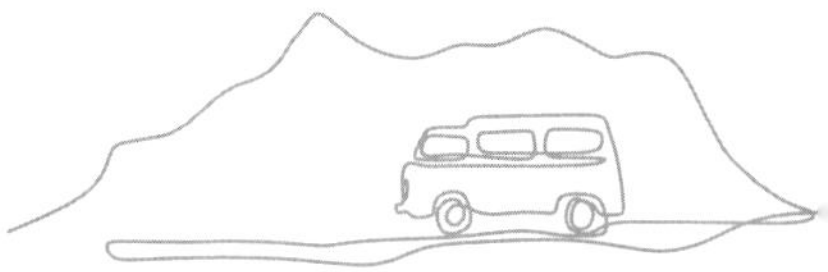

做爲目的，經常忽視對方的觀點，或是簡化對方的觀點，總之就是一種運用延伸、推導跟強壓的方式來論證的過程。如果滿腦子都是這種論述模式，怎麼可能還會溝通呢？

後來我發現，要學會說話，必須具備一個很重要的技能，就是要克制想說話的欲望。你一定有經歷過這種時刻，就是當你聽到對方跟你分享一件事情、一個觀點時，你超想立刻幫他下結論（例如「他就是渣！」「你不要傻了！」「你放棄啦！」等），幾乎快要克制不住了……

但是你眞的得克制住，因爲當你想要幫人家下結論、想要說話時，很多時候反而會失去對方、失去這段話。畢竟對話是溝通的過程，但問題在於我們往往無法僅限於溝通；我們會期待，期待對方的反應、期待自己這段話的效果，甚或期待自己說的話讓對方產生改變……但問題是「期待」這件事情，正是讓我們開始無法在此刻與對方連接的阻礙。

佛法認爲人有一種慣性，就是「瞻前顧後」。這也難怪，畢竟我們的祖先活在原始大自然中，一不小心可能小命就沒了，所以爲未來謀畫、做準備，倒是還滿符合人的天性。但是，這種天性以基因的模式深深刻在人的生命中，以至於身在現代社會中的我們，也老是在瞻前顧後。

所謂的瞻前顧後，意指我們會常常處在將過去的經驗歸納到現在，以及經由現在的經驗去推導未來，以期能趨吉避凶。比如，當我們認定一個人本來就很愛斤斤計較時，只要他開始跟你討論一些細節，幾乎不可避免的，我們就會開始認為對方「又要」斤斤計較，這是將過去的經驗歸納於現在。當你一這樣想，就會覺得他整段話都是在「斤斤計較」，所以為了避免他給你造成麻煩，或是別為了他的計較浪費你的時間，你可能會鼓勵他看開一點、鼓勵他嘗試給別人點機會、鼓勵他放鬆看看，說不定效益不錯等等；這些，都是在推導未來。

不急著走向未來

藏語中用一個很有趣的方式，來描述「瞻前顧後」，藏文稱之為「Dro Tags」。「Dro」是羽毛、羽翎的意思，「Tags」則是加上、插上、別上之義；原意是指獵人們會在自己的弓箭後端插上一根羽毛，讓弓箭可以飛得更穩、更遠。這根羽毛叫做「Dro」，將其插在弓箭後端的行爲即是「Tags」。

這個譬喻要說明的是，我們插上的羽毛，並非弓箭本身，那是爲了某種目的而安插上去的。同樣的，瞻前顧後，往往不是對現況的理解、感知，而是爲了某種目的所做的，這些目的可能刻寫在我們的基因中，諸如爲了節省思考導致的能量損耗，要快速下判斷等。

但是，這種瞻前顧後容易導致誤判，而這樣的誤判，往往是溝通中最致命的環節。這可以從幾個層面來說：首先，我自己接受過不少訪問。從記者、電視主持人與廣播主持人都有，在我的經驗中，最讓我感到舒適、覺得有在溝通、覺得被尊重的風格，絕對不是我說一句話後，就附和或是過度解讀與定義，而是透過問題的層層堆疊，嘗試對我那段話的意涵有更全面的理解，這樣的主持人才能讓我侃侃而談，並且感到自在。

你自己一定也會有這樣的體悟：試想，如果一個人跟你對話，你每說一句，他就要解讀你、定義你，或是不讓你把話說完，甚至誤判你，你會覺得與他溝通自在嗎？

我覺得，會讓人感到自在的訪問者，重要的是不誇大、不誤判。這不代表他們不會對我說的話有些小誤解，卻是真誠想知道我怎麼看一件事情，而不是想向我證明他們的觀點很棒。所以就算有誤解，也會因爲那是在「真誠想知道」的脈絡中發生的事情，反而會讓我更樂於分享自己的觀點。

上述喜愛斤斤計較的友人，真實存在在我的生活中。有一段時間，因爲我對他的成見和瞻前顧後，以致他每次跟我分享一個觀念或想法時，我幾乎不會「停留」與他「同在」地去聆聽、認真想知道他的觀點，而是想要明快地回應他。或許我內心深處，把自己對他斤斤計較的成見視爲一種麻煩，然後想要快點關掉這Part，快速往下走吧！然而，這多次讓我們之間出現深刻的摩擦，因爲他其實早已開始改變，後來想跟我分享的觀念，其實已經不是在展現自己斤斤計較的性格，而是想要聽聽我的觀點……

而我卻因爲一直想要關掉那一Part，辜負了這份心意。

不論是想要關掉那一Part、想要往下走，或是期待對方的反應、期待效果、期待自己說什麼能改變對方，共通點都是上述的「並不真誠想知道對方怎麼看一件事情」，而是想要往後算計、規畫、避險；用更具體的話說，就是我們沒有要停留在當下、真誠聆聽與感受對方，而是急於想要往後走、往下走。

有另一件事情，也是類似計畫往下走，就是開車。我習慣開車，每次開車都會計畫好自己的路徑，看看如何才能最快把一個行程走完，所以自然也會因爲自己的計畫被諸如塞車等不可抗力因素打亂，而感到煩躁無比；但我最煩躁的，就是坐別人的車。因爲自己會開車，所以坐在別人車上時，老會覺得：「你這開車習慣也太糟！」「你那樣走不是比較快嗎？」「欸這個你就該按喇叭啊！」

然而，坐車跟開車，實在是兩碼事。駕駛恰似說話的人，而副駕則是聽話的人，如果老是一直想左右駕駛、或是去干擾駕駛的決策，那眞的會是一個滿討人厭的副駕呢！

追根究柢，想要往下走、把眼光放在未來，本身就不是活在當下。因爲活著只能活在當下，沒有別的選擇。問題在於，當我們偶爾因爲處理一件重要事情，使得腦子全部放在準備應對未來，似乎還說得通；但是當我們在日常生活中，選擇算計、謀畫多於感知、體會和投入時，那我們到底還算活著嗎？

10 捉迷藏，你當人或鬼？
——放掉擔心，才能走到確定

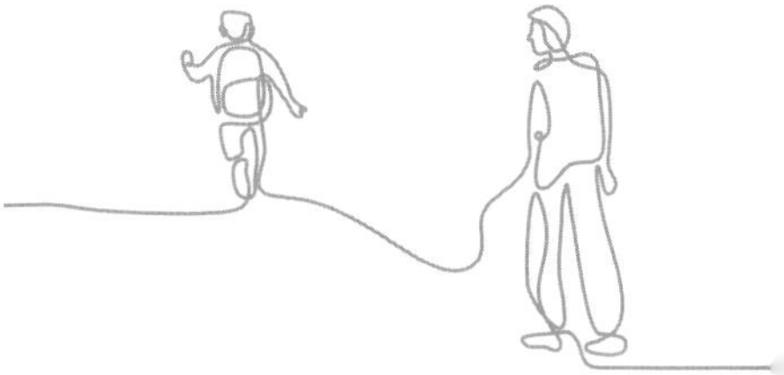

如果玩捉迷藏，你想要當抓人的鬼，還是被抓的人？小朋友比較沒差，反正不論怎樣都好玩，享受的是玩的當下，角色與立場好像就沒那麼重要。

其實捉迷藏這個遊戲看似簡單，但我覺得它跟所有美好的事物一樣，要好玩、恰當的話，必須有點張力。如果鬼太容易找到人的話，整個遊戲就不好玩了，人可能也會越玩越氣；反之，如果鬼一直找不到人，玩到想放棄，趣味也就消失了。

太簡單不有趣，太複雜也不好玩；要如何恰如其分、恰到好處？我覺得這正是最難的。大人的很多事情也像這樣，非常困難。舉個例子來說，我在經營一個Youtube頻道，有時候會自己錄影、有時候扮演受訪人、有時候扮演與談人、偶爾則得扮演主持人，但其實這個身分切換的拿捏是最難的。比如說，當你獨自說話時，不太需要關注旁邊的人，需要關注的是內容與是否好理解。但是當你扮演的角色越「多面」，你得顧慮的就越多。

我認爲最難的無疑是主持人或訪問人，因爲這是一個需要張力的角色：一方面要「退後」，意指不能太以自己爲主，畢竟要襯托的是受訪者與來賓；一方面又要適當地「前進」，因爲做爲訪問人，自然希望可以促成對方多說點什麼，有時候甚至必須稍微擠對一下受訪者。

進退得宜，其實不容易。要讓來賓如沐春風，同時覺得活潑愉快，更是一件難以達成的事情，因爲有許許多多的細節，一旦忽視就會前功盡棄。我做爲受訪者時，明顯能感受到一個主持人是否沉著、是否自在。有些主持人訪問時，喜歡用尖銳的態度問出犀利的問題，不由得讓我覺得那背後，是想讓自己被看到、讓人覺得自己聰明、想被聚光燈打到的渴望；他想透過讓受訪者被「晾出來」，來讓自己獲得安全感。

這種感覺細膩到我實在很難詮釋，有點像是想要走在人身後的那種感覺。

因爲走在前面是「被看著」，走在人的身後才是「看著人」；而「看著人」或是扮演捉迷藏中的鬼，甚至是讓別人被「晾出來」，都是想讓自己處在上風，這種方式無疑會讓當事人較有安全感，因爲不確定性被降低了。

安全感這種東西，往往來自確定感。可想而知，當我們處在高度不確定的環境中，又何來安全感可言？不確定性一直是許有人努力想去規避的，不論是大至國家擴張領土、企業併購壟斷，小至個人算命、占卜等，許多時候都是希望降低不確定性，透過提高自己可見的、可知的，來放大自己的確定性，進而得到某一程度的安全感。

暴露自己的底牌，坦誠相見

除此之外，在人際關係中，一種特別常見的情況是，我們想要提高確定性、避免「被拒絕」的窘境。典型例子就是，有人想約你一起做什麼，但是他不會先跟你說：「嘿，我們週三下午一起去看展好不好？」常見的做法是先問：「你週三下午有空嗎？」等對方回答：「有！」才要進一步追問：「那你要跟我去看展嗎?」

這種問句，其實滿符合不想被拒絕、想降低不確定性、想「看著人」回答，而不是說出完整計畫後，「被看著」的思考脈絡。問題是，反過來想一下，生活中當你遇到某個人，每次與你對話時都如此，要先知道你的狀況、看見你的底牌，才決定要不要把自己的牌打出來，你應該覺得滿煩人的吧?

值得思考的是：我們往往下意識認爲，自己的不安全感來自不確定性，所以「當局面變得確定，我就能感到安全」。這樣的推導還算簡單，但是其實很多確定感，並不是你站在後面就能看清的，還牽涉到對方願不願意跟你坦誠相待、你是否夠理解對方等等。

舉例來說，如果面對自己熟悉的朋友，還老是用這招「下午有空嗎?」並等到對方回覆後才提出要求，是否本質上證明兩人之間的信任感並沒有那麼強?當然，在某些案例中，對方可能是不想帶給人家麻煩，故先確定有沒有空才回應。

但總之，我的重點在於，想要「先看清再回應」的這種念想，或許正是那個讓人永遠無法感到確定、得到安全的阻礙。

相對於「想要先看到人」，我覺得「願意被看到」是種更有自信的做法，而且才能眞正得到安全感的回報。

當我們嘗試放掉自己的不信任，願意接受「可能被拒絕」做爲代價時，或許才能眞正願意接受「被看到」，而不是「看到人」；至於這個願意「被看到」，其實正是爲別人創造某種確定感與安全感。

回到剛剛的例子，當一個人邀約他人時，願意承受可能被拒絕的不安，先將自己的完整計畫全盤說出，讓所邀約的人明確看到他的計畫；而當被邀約者不感到彆扭與不適時，甚至感到自在時，這時提問人或許才眞的有確定感。

成功是一種確定，被拒絕也是一種確定，畢竟有許多的確定藏在未來，它恰恰是我們要放掉擔心才能走到的地方。當你越擔心，或許只會扭曲這條走向確定的道路，永遠處在不安之中。

會開車的人應該知道，開車時如果眼睛盯著方向盤，一直用力要把它轉正，反而開不了直線，會開得歪七扭八；只有當你抬起頭來，眼睛看向遠方的目標時，你的手才會自動微調與校正，駛出一條筆直的線。

練習放掉自己的不安、放掉想要當看到人的鬼，直心地活在當下而不擔心，將自己的想法與做法義無反顧地釋放出去；畢竟，唯有讓人感到安全的人，自己終究才會感到安全。

11 夾鏈袋中的果乾
——留一點空間給彼此

我覺得夾鏈袋是一個存在時很方便，但是使用時常讓人暴怒的東西。每次辦活動或是準備小東西時，如果要把東西裝到夾鏈袋裡面，或是從夾鏈袋拿出來，我都得很專心才有辦法。一方面，裝東西進去時，我希望東西剛好是落在夾鏈袋的底部，貼整平均地包在裡面；一方面，我覺得這個東西不好用，要從袋裡拿東西出來時，老是會卡住，又怕不小心把袋子給撐壞了。

我後來發現，把東西裝進夾鏈袋時，一個重要的訣竅就是不能裝滿。如果把袋子都裝滿了，裡面的東西要拿也拿不出來，想多放東西也放不進去了。這讓我想到《尚書》裡的一句話：「滿招損，謙受益。」以前老認爲，這句話的重點是不要太自傲、應該謙虛一點，才能笑到最後。後來我才慢慢發現，這段

話的意涵比我當時的理解還要深遠得多。

我一直希望自己有謙虛的特質，所以筆名就順著我的藏文名字音譯「Rinchen」選了「謙」字來自我提醒。但我發現再怎樣提醒自己要不卑不亢，偶爾還是會遇到他人覺得我極爲傲慢的時刻。我印象很深刻的是，有一次好朋友與我分享，他的友人告訴他，覺得在聽了我與他的對話錄音、影片後，認爲我的態度很是自傲。

這的確讓我沉思一段時間，甚至有些訝異跟挫折，到底爲何？爲什麼我一直提醒自己要退、謙，但仍會給人帶來傲慢感呢？

我漸漸得出一個結論，雖然不一定正確，但這個結論的方向對我深有啓發。我發現，自己說話方式的明快、條理與完整性，幾乎都把話給「講完了」，再加上較快的語氣、論述時幾乎不停頓的習慣，會讓人好像被一波波連續的海浪侵襲的感覺……

在此基礎上，如果我偶爾表達出某種自豪感或是嘲諷感，就變成那壓死駱駝的最後一根稻草，將自己塑造成一個很自傲的人。

其實，把話「講完」的確是我的習慣，興許是以前在印度攻研哲學時養成的。當時在治學的我們，每天必須花至少五、六個小時在辯論場上研討與糾纏。爲了要提出完整的論述讓對方理解、進而討論，我們習慣在上場前就先把自己想說的觀點想得非常清楚，包括這些觀點有幾個佐證原因、如果自己的假設不合理則會有什麼不符合現實的情況、正是因爲我的觀點與推斷正確所以……

你可以想像，那個過程就像是將一棵耶誕樹從頭到尾都打理好，等著讓人家欣賞，或是指出不夠完善之處，再加以雕琢和整理。畢竟，在印度哲學中辯論的意義本來就是要收「他山之石可以攻玉」的效果，亦即透過與對手的討論，將自己的邏輯脈絡雕塑得更完整有效。

我們是否有感受到對方？

然而，回到臺灣後，與人對話時的這種習慣反而讓許多人不知所措。這往往導致兩個結果：一個結果是，有些人也想打理好一棵耶誕樹給我看，但對方不一定像我受過如此長時間的邏輯訓練，所以那棵耶誕樹不但不會讓我驚豔，反而讓我感覺好像哪裡不大對勁。另一個結果則是，因爲我把話都說完了，把相處的空間都塞滿了，讓對方幾乎沒什麼空間去表達自己的想法或做決定，以致對方一句話也說不出來。我也因而感到困惑與挫折，然後又掉回原本的邏輯脈絡中，自忖：「是不是我表達得不夠清楚，我的耶誕樹整理的不夠完善？」

不是每個人都會把想說的話先在腦子裡過一次，特別是人與人之間在相處時（而不是論理時），很多事情是在動態過程中發生的。常見的例子是，你本來滿心歡喜地想要跟某人分享好消息，腦海中已經想好完整的說法，結果見到對方時，對方的一個反應——不論是冷漠、煩躁或是不耐，都可能讓你瞬間再也不想說任何話了。

當然，這是比較慘的例子，如若你跟這個人相處久了，有一些默契，或許你知道怎麼安撫他，或是如何讓他快點從情緒中過去；但不論是前者還是後者，都必須建立在你「有在感受他」的情況下。反之，如果你沒有這麼做，看到他狀態不好時，還硬要照著自己腦海中想好的計畫講，你覺得對方最後會聽進你說的話嗎？

留一點空間給對方，跟夾鏈袋要留一點空間一樣，只有留下空間，你才能順利地把東西拿出來；同樣的，留一點空間給對方，其實就是把自己那份想把話說完、想堅持自己說話邏輯、想堅持自己說話脈絡的心力放下，感受當場與你對話的那個人。

我曾聽過一個說法，談到人與人的相處和溝通，就像射箭。射箭的時候，要拉弓、放弓、再拉弓、再放弓，意即要說話、暫停交錯，因爲我們是在與人溝通、與人交換資訊、與人共享，而不是在布置一棵耶誕樹給人觀賞。更具體來說，當我們留一點空間給別人時，也是留空間給自己，因爲所謂的留空間，其實是留「認知空間」，不要把所有的認知精力都用在布置那棵聖誕樹、計畫自己要說的話，而要放一些在感知、溝通跟對話中。

留一點空間，或許就是將這份心力用在「活著」吧。

12 音樂與歌曲
——少一點想，多一點聽

唱歌，對我來說是一件很難的事情。

因爲我從小受到的詠唱訓練，與現代一般流行歌曲不太一樣，包括發聲位置、共鳴點和節奏等，光是與老師一起練習發音的過程，就充滿了挫折感。遑論要把歌詞考量進去，將意涵、感情等表達完整，更幾乎是不可能的任務。

當然，我大部分時候並非擔任歌唱者，而是聆聽者，聆聽不同風格的音樂與歌曲，特別是我的工作會聽到大量的宗教朗誦和詠唱，是一般人比較少有的經驗；但我時常在聆聽的當下被不同的元素感動，有時候是歌詞、有時候是曲調，當然更多時候是兩者的組合。

這不得不讓我時常想到一個現在想與你分享的問題：你覺得，世界上是先有音樂，還是先有歌曲？

理論上來看，大自然就是一首歌曲，對吧？但如果從人類的角度來看，人類理應是先會哼唱、慢慢才發明了樂器，從打擊樂器、吹奏樂器一路發展到拉弦樂器；所以理應是先出現歌曲，才出現音樂。

我常需詠唱古老的西藏和印度歌曲，以西藏通用的曲風來看，大多有幾個共通點：首先，大都發音寬闊、有高詠之氣，其次是大部分曲調很單一、循環。因爲其重點在於「文字」，曲調是爲了配合文字譜成，自然不會太複雜；再來是那些文字往往會有固定的組合，比如七個字一句、九個字一句，或十一個字一句等，畢竟太複雜的變動就會讓人難以記憶。

或許傳統上的歌曲正是以文字爲主的藝術呈現，所以我也習慣聽歌時將專注力放在詞上面。但音樂就是個全然不同的東西，對我來說，那似乎是要穿越文字的極限、框架，去感受、傳達一種感知時的純粹表現。

文字的局限性，或許是哲學亙古以來不會消停的辯論，各地的知識論與本體論學者們對這個問題的爭論也不曾休止。以我所熟悉的印度哲學來看，「文字的界線究竟何在？」「文字是否有界線？」一直是龍樹為首的中觀派學者與毗曇學者之間的論戰。

文字往往會有些共通點，這些共通點也正是兩派學者所認可的。首先，文字必須經過歸納：像我寫書時，如果沒有歸納、整理出大綱，再重新架構，你讀到的就會是一盤散沙。其次，文字講究邏輯性、特別是作者的思考邏輯，能否讓自己的想法躍於紙上，不突兀且適當。

然而，過度強化歸納與邏輯，導向的是一個不可避免的結果：高塔化。比如剛剛提到的印度哲學學派中，善於歸納、分析、架構邏輯的毗曇學者，他們在印度哲學史上的發展結果，就是走向學術高塔離開生活逐漸僵化，終致毀滅。

不被工具綑綁的生命

當然，做為文字工作者，我熱愛文字，更熱愛思辨，可是思辨有時的確讓人脫離了世界、脫離了生活，開始高塔化，在不貼近現實、不貼近地面的思想高空翱翔……或是斷線。

我一向以自己的思辨能力爲長，特別是剛從印度回來時。直到我有次跟一群友人吃飯，席中我們討論到一些類社會學的問題，並且開始辯論。某位朋友在我論述完時跟我說：「怎麼你的思考模式容易走向極端推導和二元化啊？」

當然，邏輯訓練的過程，本來就是要在思想高空中翺翔，並把討論聚焦，才能逼出有點極端化的理智答案；但那一刻我突然愣住，想著：「我學的這套，在面對日常生活點點滴滴問題時，如果用不上，那我用來幹嘛？」

那或許是我第一次開始思考，相對於用邏輯、用文字去架構和推導，去感知別人、體會別人、看著對方而不是背對他人走向高塔，更爲重要。所以我開始學著放下一點邏輯，少一點想、多一點聽，去感知，而不是推導與判斷。

我覺得邏輯推理有一個特點，會讓人往後走、往下走。畢竟因果推斷就是「因爲……所以……」「如果……就要……」等許多的隱藏模組，這些東西的「傾向」往往讓我們難以感知。

我自己就是這樣的人，我很容易在別人說一的時候，開始就一進行環繞式的思維和推導。孰料對方其實要講到十才會有結論，而當我在一時就開始延伸，終究會離對方的十非常遙遠。

一般來說，我是個講話抑揚頓挫明確、邏輯會先在腦中過一次才說出去的人；所以當我說一段話時，最後一句往往就是我的結論，也是我最明確的訊息。我說的話，像是一幢大樓，由下而上堆疊而起。但是，越上面，往往就越偏離了現實的地面。

然而，我直到很後來才知道，其實並非每個人說話都是這樣的。有些人的說話方式並沒有前後、高低具體的邏輯排列可言，而是很單純地將每個當下的感受說出來、每個感覺表達出來，僅此而已，就像個孩子一樣。

這讓我開始反思：我老是習慣於追求邏輯架構的核心意義，究竟是什麼？是想要讓自己顯得有條理，還是想讓人理解與溝通？或許更重要的問題是：溝通，是要傳遞一種知識與邏輯，還是感覺與經驗？

這不由得讓我想起當年讀書時，任何有關邏輯學的著作都會標示自己是「大門」「大道」「橋」。若然，大門、大道、橋的背後是什麼？這些通道在溝通時的目的是什麼？想必是對方、是理解、是經驗、是世界；既然如此，建構一個很厲害、華麗、堅硬的橋，可是卻走不過去，又有何用？

邏輯與文字是美好的工具，但如果沒有放在妥適的位置上，它們只會變成阻礙、匠氣與高塔；應該做爲助力的，終究變成了阻力。做爲工具，它們是來幫助我們走向生命中最爲美好的東西，也就是包括感受、體會、接納與聆聽的「活著」。

13 鐵門邊邊——人我界線的訓練

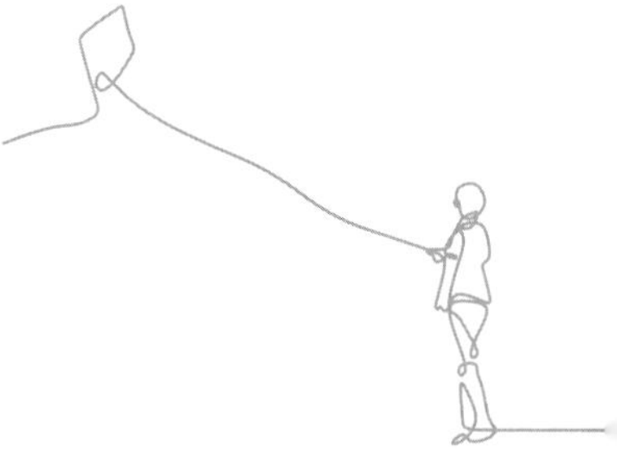

《教宗的承繼》是我二〇二〇年最喜歡的一部電影，我重複看了至少五次，每次都有不同的心得與體悟，一來因爲我自己也在宗教圈工作，對於這部電影的體悟更深，二來則是電影中對於人性與聖性之間的詮釋與拉扯，絕對是所有宗教徒都會沉思和關注的議題。

這部電影據說是半改編、半眞實的故事，描述教宗若望保祿二世在二〇〇五年過世後，天主教教團內部的樞機主教們必須啓動教宗選舉，而整個天主教的主教群們，當時已經漸漸分成「保守派」與「開放派」兩大陣營。保守派的代表人物是前任教宗所管理的體系中天主教神學權威，出身德國的若瑟夫·拉辛格；開放派的代表人物則是出身南美洲、重視人權議題的喬治·伯格里奧。

換句話說，那一次的教宗選舉，其實是整體天主教教會走向的抉擇——要走向開放，還是停留在保守？

當然，根據歷史事實，後來是由保守派的拉辛格當選教宗，成爲下一任教宗本篤十六世。他關注神學理論的發展，致力於建構出一套能夠與現代主義相抗衡的教會學說。

不過，隨著時代進展，他面臨到各種挑戰，電影主軸放在：本來的他雖然面對了各種挑戰，但是害怕自己退任後會由意識形態的對手，也就是開放派的伯格里奧出任，讓自己的保守價值貢獻受到挑戰，所以遲疑良久。

然而，隨著他當面與伯格里奧晤談，兩人的相遇從激烈的爭執，走向眞誠的鼓勵與期待，並眞心地爲對方禱告和祝福，到了電影的最後，本篤十六世甚至鼓勵伯格里奧一定要出任下一任教宗，而這位教宗就是現任的教宗——方濟各。

當然，這是一部電影，所以內容必然有許多刻意加入的張力元素，不過這些細節的點綴，其實也正是我會一再回去觀看並且沉思的原因，包括某一個片段中，兩位前後任教宗互相對對方懺悔，而本篤十六世爲方濟各赦罪時念的是拉丁文，方濟各爲本篤十六世赦罪時則是念英文；還有，本篤十六世身上一直掛著一個提醒他每天走路一萬步的機器，不停發出：「不要停，繼續走。」的聲音，或許暗示的是對整個教會走向的建議。

誰的感受，誰負責

讓我印象最為深刻的是，一開始兩位教宗之間激辯的兩段話。第一段是，方濟各告訴本篤十六世：「罪業是一種傷痕，不是一種污點；它需要的是治癒，而不是抹去。」第二段則是兩位教宗非常快速的辯證著：

「如果我們不畫條線……」

「或建高牆以區隔。」

「你講到牆時，口氣很負面；屋子是用牆搭出來的，堅固的牆……」

「耶穌有築牆嗎？」

「界線是不是一種好東西？」必然是一個千古命題，畢竟每個人在面對不同的場景時，可能會有不同的選擇。不過，我想關注的是「人我界線」，所謂人我界線，意指人與人之間相處時，分清哪些是自己的事情，哪些是別人的事情。常見沒有畫好人我界線的例子有：

覺得自己過度善良，最後卻常常受傷。

受到別人情緒勒索與壓迫時，不知道如何捍衛自己的權利，怕傷害了人。

時常過度熱心，覺得是在幫別人的忙，結果卻裡外不是人。

人我界線的訓練，是爲了解決我們因爲分不清界線所導致的失落感或壓力。最重要的是，讓我們理解如何與他人互動，以及互動時該抱持什麼心態。這其實是所有人都在學習的課題，我自己也是，身在宗教圈工作的我，對於使用志工、職工、學生和朋友界線的拿捏與省思，是我一輩子都在學習的課題。

舉例來說，我個人認爲，就算身爲宗教人士，也必須有自己的私生活——一個完全與宗教無關的私生活。宗教生活與私生活必須有界線，而且是明確的界線。如果一位宗教師的宗教生活與私生活高度重疊，意即他的學生、信徒、朋友、同事都是同一群人，那麼這些關係中的牽扯，就會無比複雜。

我甚至認爲，這就是許多宗教領袖開始墮落的源頭，畢竟宗教師最常「出包」的不外乎金錢與性。人都有脆弱的時候，例如經濟的捉襟見肘或情感的孤單寂寞，此時若是他的生活圈與宗教工作圈高度重疊，自然就會在學生、信徒中尋求慰藉，如此一來就容易牽涉到隱性的「權力濫用」，導致「醜聞」的發生。而如果他一直忍著，不尋求交流與溝通幫自己紓解，可能也會造成人格扭曲。可見，不論是哪個方向，似乎都不是一個好的發展。

所以，界線的拿捏，其實是讓我們在人際關係中保持獨立與健康的方法。現代提到的人我界線拿捏方式，一般有個共識準則：誰的感受，誰負責。

舉例來說，當對方感到不安、不舒適，這其實是對方要負責的事情，並非你的責任。你可以幫忙，但那終究是對方的生命課題，如果對方不照你的建議去做，你因而感到失落，你其實就跨越了界線。同樣的，對方的情緒與感受，是對方的責任、並非你的問題，如果對方要你爲他負責，這其實就是對方跨越了界線，你自然沒有妥協的必要。

這種簡單的分類方式，能讓我們更爲輕鬆的理解人我界線。但是我必須說，許多人往往誤解「人我界線」的原因在於，我們在對自己有利的事情上，常常越了界去干涉他人。比如面對喜歡的對象，對方是否喜歡我們，理應是對方要負責與面對的議題，但是我們在某些時刻爲了自己的需求，或是節省不必要的遠路，介入了對方的感受，「引導」甚至「微勒索」對方往我們希望的方向去感受與思考，以符合自身的利益。

然而，在自己受到干涉時，卻又想捍衛自己的界線，這正是不理解人我界線的緣故。理論上，人我界線的本質是「尊重」：只有當我們爲他人捍衛界線時，才能在對方有可能要碰觸我們界線時，要求對方站穩、不要過界。

尊重他人的界線，甚至鼓勵他人爲自己的生命與感受負責，我們也才能在自己面對自己的界線時，獲得他人的尊重與支持。畢竟，如果不幫他人畫出「人」的界線，我們又怎麼畫得出「我」的界線？

14 不動筆，怎麼看得到自己的字？

——行動中看見自己的實相

我寫字，神醜。

雖然我寫書，但大家都知道，現在沒人用手寫稿了，大家都是用電腦敲敲打打出一字一句，一篇篇文章。所以，雖然身爲一名作者，但我的中文字是非常醜的。

我較熟悉的手寫字是藏文書寫體。據說藏文有一百五十餘種字體，其中大家最常使用的是一種叫「Kyuyig」的，類似草書體，也是一種藝術性極高的字體。由於我習慣用這種字體許久，所以我動筆做筆記時用的幾乎都是這個字體，甚至連自己的簽名，都是用這個字體來寫我的藏文名字。

當然，手寫字還是很有誠意的，畢竟現代人很少用書寫的方式傳遞訊息。

所以，在重要節慶與表達心意時，用書寫的卡片來傳達自己的愛，能讓人感到更深刻的心意。我自己就特別容易被手寫的卡片感動，就算只是寥寥數語，也會一再閱讀。

但來到我身上，這件事就變得小棘手。就像我說的，我自認寫字很醜，所以每次就算再怎麼用心想寫出一張卡片，最後都會變成悲劇。我的字實在太醜了，醜到我都不好意思送出去，直到我思考自己收到卡片的感覺時，才開始反思這件事情。

平心而論，有些我收到的卡片文字也不是特別工整或藝術；但我們爲什麼仍會感到在意與觸動呢？想必是因爲背後的用心、是寫的這個動作，以及這前後的一系列投入。畢竟「想」是每個人都會做的事情，但是從想到做的過程中，最關鍵的是那份具體落實的過程，所要承受的成本與付出。

因爲空想本身並不需要太大的犧牲與取捨，但是現代人的時間愈發珍貴，願意花時間去手作、手寫，本身就是一種付出。記得看過一個有趣的對比圖，描述在一九八〇年代左右，電子郵件還不太發達時，世人如果發一封電郵給朋友，必須花很多心力與各種時間成本，因此當時自然是電郵更爲珍貴。

書寫是個好東西，我自己就很常鼓勵人書寫。這跟我的生命經驗有關，讀書時，我的老師就一直告訴我，西藏文化對於一名學者責任的六大期待：吸收、反思、實踐、教學、辯論、寫作。其中，寫作被認爲是一位學者能夠自我審視、自我進步的最好方法。原因在於，書寫的當下本身會有很多反思；而且寫下來的東西可被保存下來，事後再回過頭看當初寫的文字，會有截然不同的感受，對於自己的改變也會有更多體悟。

從你在意之處，認識自己

我時常建議人書寫的原因是，書寫是一個極低成本的行動。有時候我們要把自己的想法，如實地告訴自己在意的某個朋友、親人或是愛人，其實挺困難的。若是將這種感受悶在心裡，往往會「毒化」並對我們的行爲產生影響，但如若你有寫日記的習慣，透過書寫將這些感受給如實陳述出來，則好像就能爲這些想法下一個小句點，讓其得到抒發。

簡單來說，書寫既然是極低成本的行動，而付諸行動本來就是檢視自己想法、觀點、喜惡與自我認知的唯一方式。每個人的腦海中，其實有各式各樣的價値觀在打架，當停留在想的這個階段時，自然是可以全部都平行存在的。

比如，大家多半希望自己的工作是錢多、事少、離家近，這些期待可以平行存在我們腦海，並沒有被排成一條線，所以，我們難以知道其中哪一件對我們來說最爲重要。

然而，當我們來到具體的場景、具體的行動時，狀況就會截然不同。比如你現在面前有三份工作，一份要通勤一個半小時但是薪水優渥、一份會忙到爆肝但是在家隔壁、一份則是輕輕鬆鬆但是收入普通；這時你才眞的將這些腦海中美好的憧憬，從橫向的平行排成縱向的一條線，並且在這條線上做選擇，就不得不出現前後的排序。換句話說，哪一個對你比較重要？哪一個對你來說可以暫時捨棄？只有當這種排序出現時，我們才知道自己在意什麼。

事實上，人人都說要認識自己，但試問：何謂認識自己？認識自己的想法、感受或是觀點嗎？這些當然是自己的一部分，但是它們就像浮雲一樣。人會因爲外在的刺激而變動，這些往往都是應激反應，也就是我們因外在刺激而有的反應。然而，只有當我們確切「行動」，並因行動而有具體投入的時間、金錢等成本和越投入越多的沉沒成本，以及爲了此一選擇而放棄另一選擇的機會成本時，我們到底重視什麼，才會變得顯而易見。

也就是說，所謂的自己，必須透過個人的取捨來認識。這個過程中，我們會發現自己重視什麼、不在意什麼、害怕什麼，而這就是所謂自我的面貌。從另一個層面來說，我們都希望自己得以成長與進步，不論是變得更強、或是變得更不需要用力，都是一種成長。

成長的過程其實就是調整自己取捨的順序。一般來說，我非常重視睡眠，我寧可少賺錢，也得堅持一天八小時的睡眠；但我有一陣子非常忙碌，那陣子因爲牽涉到許多工作的環節，不是我一個人可以自我決定的，勢必得與人合作、協調，並擔起責任。當時我就犧牲了許多睡眠，甚至有連續兩晚幾乎沒睡的情況。

你發現了嗎？在我的價値排序中，睡眠排在金錢前面，可是責任則排在睡眠前面；我一直以爲自己最爲重視睡眠，但是經過這段體悟後才發現不是如此。題外話，那陣子就是我在寫書的此刻，哈。

總之，人人都想認識自己，但當你不進到某個場景裡、具體行動、具體得失，又怎麼會看到自己？認識自己不是讀讀書、舒舒服服就會達成的，必須在某個得失、某種不確定中，才會更加看到自我：只有在眞實的「活著」中，我們才能看見自己。

就像本章的標題說的：不動筆，你又怎麼能看得到自己的字？

15 昨晚的限時動態
——走過所有的不確定，仍能直挺挺地活著

我很喜歡社群媒體上的回顧功能，回顧能讓我們知道自己一年前、兩年前，甚或三年前的今天，發過什麼文字或圖，這個功能還會「主動」跳出來提醒你回去看，實在非常方便。

我記得小時候家裡有三大本相簿，大概是五十公分見方的尺寸，裡面每一頁可以放四到六張四乘六吋的照片；自從二〇〇六年我離家求學後，一有機會回家，我最大的興趣就是把那幾本相簿找出來放在地上，一張一張地翻看自己小時候的點點滴滴。

不知道你會不會也像我一樣回顧過去？我後來發現這個好像是自己滿本能性的習慣，就像此時此刻手機系統告訴我，我的手機裡存了兩萬多張照片，但

是我常常捨不得清（其實也是沒動力去清），然後會在有些時刻一張一張滑過去，看看自己一年一年來的變化，回想當時自己面對到的困境與喜悅……

當然，除了相簿之外，我也會在每次「回顧」功能跳出來的時候，興致勃勃點開來看自己當初在幹嘛。有些事眞的久遠到毫無記憶、有些非常深刻、有些則很陌生，但其實我算是滿少發文的，因爲發文往往要配圖，而我又不太拍照，我比較常使用的是「限時動態」，這是一種發出後二十四小時就會自動消失的貼文。

限時動態的好處是，如果你要罵人，或是只是要抒發情緒、記錄生活中的小事情，但沒有嚴肅到要發貼文時，就可以用這種功能；壞處是發多了之後，比較難找到它的保存紀錄。但對我來說，「限時動態」非常方便的原因在於，我就不用拍照、可以隨心所欲想寫什麼文字就直接發出，不用思考發一篇文還要配圖等。

不過我發現，有些發文其實你是發好玩，但隨著越用越習慣，一定會有某些發文帶有更多意圖。比如說，這篇發文看起來是公開的，其實眞實的意圖是爲了給特定的人看到；或是某些人曬恩愛時，設定只發給好友看，然後把好友名單中只留下自己的對象一個人，以至於對象以為自己被公布、很穩定時，其實只有自己看得到那張照片與文字。

限時動態另一個好處是，在發出後的二十四小時內，你隨時點擊自己的大頭照，就會看到該動態浮出，但是時間一到就會消失了。對於消失這件事情，內心偶爾是意外、偶爾是釋然、偶爾是惆悵的。比如如果那是一堆一堆的生日打卡，一張張消失時，似乎會覺得：「啊！生日就這麼過完了，下次就又要三百六十五天。」有些則是因為心情不好而寫了抱怨文，結果時間一到消失時，內心還會想：「咦，我是寫了什麼？」可見早已忘記自己那份不悅。

一切終究都是寫給自己看

印度哲學認為，注意到一切經驗、情緒、體會的變化，也就是它們的出現和消失是生活中很重要的訓練，並能讓我們真實體驗到生活、坦然面對生命。如果用佛法術語來看，我們稱之為無常，但無常並不是指死亡，也不是一種觀念，而是一種體會。

所謂的無常，意指一切經驗、感受、情緒，都不是長存的，會不停變化；不但成就如此，困境也是。無常的本質，是有生，必有滅。生與滅是必然的、是平等的，但是，我們往往不願意去面對，或是慣於對這種必然而平等的狀態產生偏頗的心理。

典型的狀態是，一方面對於成就或快樂的消失感到不捨，希望這些狀態長存不離；一方面對於困境與苦難，甚至是微小的情緒與不適的出現感到厭煩，更害怕它們不會消失。

然而，就像上面提到的，所有事情都是無常：既會生，也會滅。所以，我們應該做的事，是謹記那是無常的，並且在感到快樂時享受它、遇到困境時靜待它離去；刻意想改變無常，只會讓整個過程更扭曲。如果我們面對快樂時，不願意接受它是無常的，往往就會把心力放在延長期限，而忘記享受當下的快樂，以致最後賠了夫人又折兵：該享受沒享受到，還白操心了一陣。反之，面對困境時，越想盡快終止，反倒有可能延長了它的期限。比如人與人之間的情緒與不開心，其實只要過去就過去了，但若刻意想解決，卻又為解決無效感到困擾，反而可能更加情緒化。

西藏有位知名的禪師、詩人——密勒日巴（Milarepa），他以善於引用譬喻教學聞名。曾經有位弟子問他，如果在禪修時，發現內心妄念紛飛，該怎麼辦？密勒日巴回答：

「既然你能夠禪修於天空，那要知道：雲霧不過是天空的幻現。所以，只要安定於幻現中、安定於心性中就好……既然你能夠禪修於自心，那要知道：妄念不過是自心的幻現。所以，只要安定於幻現中、安定於心性中就好。」

也就是說，面對生命的起伏、困境、挑戰與成就，我們唯一要做的事，是謹記那是無常的，不需要想爲它延期、或是快速終結它；然而，要謹記時，最爲困難的就是要「撐著」、要「撐在那裡」，因爲我們下意識都會想做點什麼、想施力去改變它。

這也是爲什麼，我想回過頭看看自己經歷過的事情、寫過的字和拍過的照片，因爲這些會一再讓自己想到：我當初這麼執著某件事、這麼害怕某件事，而這些終究也過去了。這其實會讓我產生一種自信、一種勇氣，因爲當自己發現自己都能克服、走過這麼多的不確定性，仍能直挺挺地活著，那現在面對到的困難，又算什麼呢？

或許，最終來說，雖然有些文字當下是爲了寫給別人看，但一切終究都是寫給自己看，也只有自己需要看。那些文字、經歷，提醒我們生命是流動的、是活水，不是死水，正因爲是活的，所以會有變化、會有無常。

這是「活」著才有的餽贈。

16 留下空白與填滿空間
——有空間才能成長

我小時候學過滿長一段時間的圍棋，除了個人喜歡之外，另一方面純粹是想要曬智商，畢竟大家都說圍棋是一個需要高智商才玩得轉、玩得好的棋類。然而，圍棋不是一個完全自由的遊戲，因爲在學習的過程中，我們得記下一個又一個的「定石」（又稱「定式」），也就是固定的幾個走法，這種走法可以在棋盤上的一些邊隅角落讓雙方達成均衡的態勢，穩定下來。

圍棋的目的，是雙方用棋子占滿整個棋盤，並以最後可以占得比對方多、哪怕是多一點（專有名詞是「一目」）也就贏了；事實上，厲害的棋手在棋盤上，往往最後的輸贏就是在一、兩目中拔河。

相對於圍棋的目的是填滿整個棋盤，雙方在最後那一個空白上較量；象棋

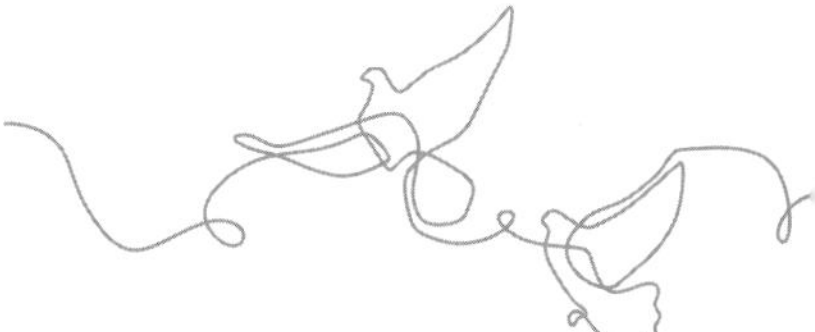

則是相反，以清空棋盤、清空對方的主帥為目標。塡滿的邏輯與清空的邏輯，或許可以說是這兩種棋類的關鍵差異。

不知道是不是受圍棋習慣的影響，我發現自己生命中也常常重現這個「塡滿邏輯」。我往往會把自己想放好的東西都安頓好後，才留下些許空間給自己伸展，或是給別人選擇。比如，我一般與他人合作時，提出的方案雖然看起來給別人有選擇，但事實上，這些方案都是在我將自己在意的細節都排好、確定自己的生活不會受到影響或破壞後，所給出的選項。

因此，表面上看似有彈性，其實是我自己塡滿棋盤後剩下的空格。這樣的生活態度給我帶來的問題是，當對方沒有辦法融進這個空格時，不論是本性如此，還是意願使然，就會碰到那些我已經占據的位置，我會瞬間變得非常沒有彈性，內心還覺得：「都給你選擇空間了，你為什麼不好好在這個空間裡面做選擇呢？」

舉例來說，與人相約碰面談事情時，我會把自己的時間都扣掉後，留出那幾個有空的時間，請對方從裡面選一個妥適的時段；表面上看起來，這種做法好似挺讓別人有自由的，但關鍵在於，如果對方無法從其中選擇、影響到我的行程，我內心就會瞬間變得非常緊繃。

或許你會覺得：「咦？這種做法不好嗎？不是能很有效率地讓兩方可以溝通與合作嗎？」沒錯，我覺得關鍵點在於，這是一個「有效率」的方法，或許適合用在工作上，但是絕對不是生活的方式。留下空白給人選擇時，空白以外其實充滿了我所樹立的壁壘。

我會覺得這樣的做法不妥，原因在於，當自己的壁壘被觸及與干涉時，內心總有種不適的煩躁感，無法理解為什麼對方為何不能看到我已經讓步？但畢竟如我前面說過的，不適的感覺，不會全然來自外在世界的事件，更與我們內在的信念與解讀世界的方式有關。

清空的智慧

佛學有個流派認為，人的根本意識（阿賴耶識）上面蘊藏我們從無始的時間以來迄今，每一輩子囤積下來的習慣與慣性，這些慣性完全「占滿」了根本意識；而當根本意識被占滿後，自然就無法長出新的、正面的智慧。就好像一畝田上頭長滿雜草，雜草侵略性太強，汲取了所有的營養，因此勢必得將雜草清空、留下空間給秧苗，才有可能長出莊稼。

如果站在雜草的角度來看，秧苗應該是滿煩人的吧？雜草應該會想：「欸奇怪我都留空間給你了，爲什麼還要來煩我？」可見，當你站在田地、雜草、秧苗的不同立場，對於清空重栽一事就有全然不同的想法與反應。

然而，如果站在一個農夫的立場來看，必然更偏於多花時間清空雜草。原因是雜草有侵略性，如果你不定期清空它，它就會一邊說「我有留空間給秧苗呀」，一邊默默地擴張而不自知，反而認爲是秧苗影響到它。

更具體來說，如果不刻意清空，雜草會讓空間越來越小；如果放回我們的生命來看，舊有慣性、塡滿世界的方式，會一直擴張與加強，使自己的生命越來越緊綳，因爲那些占滿位置的雜草不是「停在那邊」而已，反倒會一直擴張。

這樣來看，「刻意留有空白」讓自己的生命有空間長出秧苗，非常重要。我自己對此深有體悟，畢竟我出身學院派，習慣用近乎冷酷、理智的方式看待世界與生活，對許多事情的觀點並沒有留下討論空間，就好像我已經習慣把整個棋盤塡滿。注意，是塡滿喔，就是沒有留空間的那種。

回來臺灣，開始工作、培育學生後，發現這種毫無彈性的方式並不妥。不但讓我自己非常緊繃，也讓別人與我相處時，容易擔心動輒得咎，所以我開始嘗試留空間。就像前面說的「留下空白」，然而，這種空白並不是想留有發展的機會，而是站在不想讓自己的那些壁壘被影響的情況下，才留下的空白。

不過，我們的慣性像雜草一樣，會一直膨脹。就算你留有空白，如果這種空白是固定的空間，也會因爲自己忽略了慣性膨脹的特性，而在每次慣性膨脹到吃掉空白時，反過來認爲是別人影響了你的習慣與壁壘。事實上，填滿往往是一種焦慮與不確定，不給生命一點機會、不給自己被拒絕、影響與不穩定的機會。

近幾年，西方很流行一個概念詞彙——反脆弱，意指人性帶有「受到打擊後會越變強壯」的特性。最好的例子，就是肌肉訓練，我們施予肌肉壓力，雖然短期會破壞它，長期下來卻會讓它變得更強壯。同樣的道理，如果我們想要活出多元的生命，讓自己體會到許多的起伏與驚喜，讓自己不悔此生，那勢必得「一直留有空間」，讓新的芽苗得以長出來。

留下空白，不是爲了讓慣性壁壘不受影響才採取的下下之計，因爲慣性終究會擴張、把那塊空白吃掉，讓你感到更爲不適。「留下空白」，其實是一種信念，一種相信空白可以長出新的芽苗、活出新的生機，讓你的生活更豐富的信念。

17 不在場證明

——練習讓自己在場

你聽過依附理論嗎？

依附理論主張，每個人在面對人際關係時，會受到小時候我們與自己的照顧者的互動模式所影響；當然，這種影響往往是從父母那端傳達過來的，父母面對孩子需要照顧與陪伴時，所表現出的方式，不論是立刻給予安撫、不懂如何滿足孩子需求或缺乏耐心，都會對孩子造成重要的影響。

一種典型的狀態是，我們面對不安與焦慮時，不會直接訴求自己的不安，而是用更強烈、激動的方式來傳達自己的不適：一方面希望親密的人能夠理解自己的不安，另一方面卻傳達出憤怒的訊息，矛盾的態度往往讓人困惑。

我個人認爲，這種例子其實變相地發生在我們長輩身上。或許因爲長輩們小時候所面對的童年與時代比我們更艱難，所以在處理親密關係上，也會變得挺彆扭的。典型的樣子就是，雖然他們希望與我們親近，也對於我們的陪伴感到快樂，但不知道怎麼回事，他們說出來的話，往往把關係變得矛盾尷尬之至。比如父親明明希望孩子平安、騎車不要騎太快，但是說出口時往往會變成：「你騎這麼快是要去死喔？」

另外一種案例則是，對於他人訴求關心與照顧時，莫名變得非常理性與冷漠，用疏離的方式來處理問題，或是從人際相處的一開始，就抱持一種距離、冷漠的禮貌，特別是在處理愛情時，往往會忽略對方情感上的需求，再以自己「處在理性」的角度，反過來指責對方過度情緒化、不理性。

據說，這種孩子從小對照顧者的來去沒明顯反應，也對環境的遷變感到冷漠，導致孩子習慣以「迴避」的方式來面對人際關係。這與前面的「焦慮」型依附，可說是依附理論的這兩大主軸模式。

當然，這兩個主軸並不是矛盾的，它們有時會交叉出現，甚至並行，導致非常混亂的情況。比如我們與一個特定的對象，不論是父母或是愛人，有糾結的情感在其中，當他們主動親近時，出現的心態可能就是混亂而矛盾：一方面想要對方更加親近，一方面害怕自己過度主動的結果是再次傷心，所以表現出不熱情且近似刁難對方，但又同時希望對方主動多做點什麼的矛盾心態。

當一段關係有太多瑣碎的糾結交織其中，往往很難單純去面對與處理。根本上，或許是我們對這段互動中有太多期待與不確定所致。我自己一個較親身經歷的體會，就是身分問題：由於我自己在宗教圈工作，同時又做 Youtube、Podcast、寫書，都有不同的身分與責任，相對的，當有些學生與我的關係不單單只是師徒時，就會出現上述交織複雜的情況。

比如，有些人一開始是友人，後來成爲學生，甚或與我一起工作，變成多重關係。有時候我要扮演友人談心，有時候要以老師的身分給予建議，有時候則是老闆給予指示；當然反過來也是如此，對方也得在不同的情況下以不同的身分與我互動。但很多事情並非如此容易。我認眞覺得老闆與員工之間不要是朋友比較好，因爲至少要留有一點時間與空間給對方在自己的朋友圈中抱怨，但如果老闆與員工是朋友，特別是在社群媒體上有好友關係，那麼對方幾乎沒有抱怨的空間，最後不就會讓對方情緒更緊繃嗎？

練習不彆扭

我從小就學習讀誦四書五經，其中有一句話我印象極深刻，也深受啓發：「名不正，則言不順；言不順，則事不成；事不成，則禮樂不興；禮樂不興，則刑罰不中；刑罰不中，則民無所措手足。」也就是說，「名正言順」至爲重要。而所謂的「名正言順」，其實就是「名分」要正確、「角色」要正確，如果名分不正確，則所說的話、做的事情，都很難達成。然而，就像我剛剛說的，麻煩的問題是一旦兩人的關係不是只有單一名分，整個就會變得很複雜。

當然，我覺得這在現代很困難，特別是現在流行「斜槓」，幾乎每個人都有好多個角色要扮演，而一個人在面對複雜的人際關係時，必須扮演許多不同的角色，切換自然也愈加困難。這件事情其實讓我深思許久，到底要如何快速切換角色，讓自己一直都名分正確？但我發現這種越做越細的思維模式，其實只會讓自己越來越困難。因爲生活中的每個場景一直在變化，如果每次都是要找到一個最恰當的模式、沒多久這個場景又改變了，自己只會再次掉入困頓中。

我小時候學武術，當時主要練習的是一門叫做「八極拳」的拳法。這系拳法以剛猛且殺傷力極大聞名，據說八極拳歷史上的一位知名大師李書文，畢生最爲強大的招數是「猛虎硬爬山」，操作方式就是「一圈一拳一肘」或「兩拳一肘」，據說他每次對戰時，都會跟對手說：「我就是兩拳加一肘」，然後就靠這一招戰勝所有非常華麗的各派拳法。

我有時候在想，面對人際關係錯綜復雜的拿捏，一定有一種「兩拳加一肘」的簡單殺招：所有的練習都是在強化這個殺招，而這個殺招可以幫助我們面對所有表面看似再怎麼不同、多元與複雜的人際關係。

回到依附理論來看：我們面對各種複雜的人際關係時，「焦慮型」並不容易發作，畢竟對方不一定是與我們非常親密的人。但是用「迴避型」的方式，來面對不安、不確定與「不知道自己是否會做錯」的那份焦慮感，或許會讓自己覺得：當我們覺得自己不在場，是否就可以不用面對了？

後來我發現，迴避並不會讓我們變得更能面對，更不是「兩拳加一肘」的招式可以簡單處理。雖然自己看似不用在場面對不安，但並沒有根治這個問題，因爲彆扭會互相影響；如果我們因爲彆扭而離場，對方終究也只會彆扭，我們只是在「練習彆扭」。既然練習什麼，就會擅長什麼，所以我們必須練習的，勢必是那個讓我們能越來越「不彆扭」的能力，這種能力似乎只有一種，就是「勇氣」。

換句話說，如果把所有繁瑣的技巧，包括自己要在什麼角色、什麼名分，要怎麼扮演好每個位置，這的確都非常詳細，不是簡單的「兩拳加一肘」可以直接達成的；然而，我們可以讓這些能力與技巧成長出來的土壤，而這個土壤絕對不是「練習彆扭」與「練習不在場」，而是「練習勇氣」與「練習在場」。

當我們練習突破，就會在每每面對不安時學著突破；當我們練習陪伴自己、陪伴對方，我們就能在每次不安時都更加泰然與自信；既然練習什麼，就會善於什麼，那麼我們或許需要練習的，是很簡單，但也很不易的在場、勇氣與活著。

這或許就是兩拳加一肘吧。

18 如何不留遺憾？——付諸行動，卸下期待

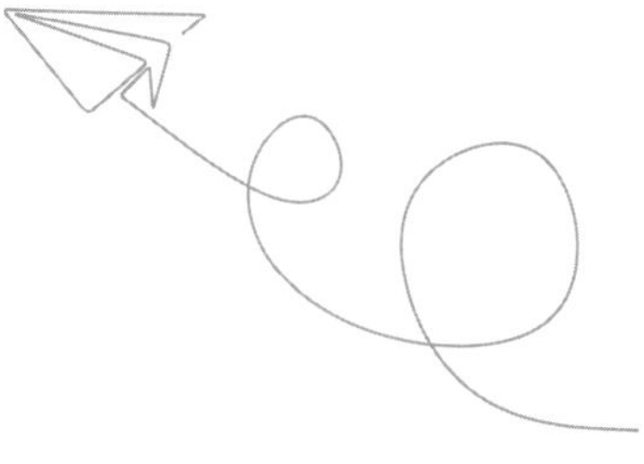

寫書之後的一個副作用是，我開始非常在意別人在標點符號上的使用。當然，這不代表我非常善於使用準確的標點符號，而是我在閱讀時，會一再反思自己在這裡使用的標點符號是否妥適。同樣的，我在閱讀他人的著作時，也自然就會留心去思考：「他這裡爲什麼用這個符號？」「他這邊用這個是什麼意思？」

當然，有時候有些標點符號的精準使用，雖然可以達到畫龍點睛的效果，但是如果用得太準確、沒有留下任何臆想空間，似乎又有點無趣。

關於這件事情，我有個印象深刻的體悟：我曾經被一家致力於重新排版《聖經》出版的作品給驚豔，出版社把《聖經》中的各個章節獨立出來，諸如

《詩篇》《馬可福音》等，用現代設計重新排版，配上質感極好的圖片。編輯者在《傳道書》封面配上的圖是一群在沙漠中行走的人，這還滿合理的。畢竟這樣的意象能很具體將「傳道」呈現出來。

然而，當我看到他的《馬可福音》封面時，我整個愣住了：它的封面只有一張簡單的照片，是一塊白色的碎石（並不是太小，看起來應該有十公分見方）擺在一張灰色的桌子上，燈光從右上方打下來、讓石塊的陰影落在左下方。我後來發現，他整個系列都有這個特點，包括其他的三部福音：《馬太福音》《約翰福音》和《路加福音》，都有同樣的意象，唯一的差異在於石塊長得並不一樣。

我百思不得其解，直到在書寫這段的此刻，我仍然會三不五時想起那幾本書的封面，並且思考、揣度、自我詰問：「他到底想傳達的意思是什麼？」我也問過基督徒朋友，有些人跟我說：「這象徵福音書是基督徒信仰的『磐石』」，我就會反問：「但這些石頭是碎開的欸。」有些人則說：「這或許代表基督將自己的肉身分給了大家。」我仍會反問：「所以這個肉身的分割僅限於四部福音嗎？」

我並不是要問倒任何人，只是實在太好奇了，可是又覺得如果直接寫信去問編輯部，得到的「標準答案」說不定反而會「限制」我對這件事情的想像、興趣與好奇；相對來說，我就會覺得《傳道書》的封面有些無趣，因為「一群人在沙漠中行走」的意向跟「傳道」的意向太契合了、重疊度太高了，好像這個圖是為了配合標題才出現的，恰恰是這樣的安排，讓我覺得沒有任何臆想空間，所以無趣。

我喜歡臆想空間，因為在那當下，自己會覺得與創作者或任何說出那段話、寫下那段話的人在對話，不是將對方的結論來自己消化，而是與對方一起得出某種結論。因為這當中有聯想的延伸，就像你親自參與了某個作品的製作過程，最後親眼看到成品出現時，那份感動是拿一個完成品回家直接使用所遠不能及的。

可是，我發現我這份執念，反而也是種限制，因為或許我的這種習慣，會讓我錯過其他「臆想空間」，錯過一些經驗或是一些風景，這實在很不值得！就像我的密友說的：「人生可能就此一次，當然要多些經驗才不會虧本！」

擺脫知識的詛咒，借假修真

舉例來說，你會如何認知一件事情的「告別」「句點」？

一般來說，可能會覺得痛苦、無法承受、不可能再有任何的機會；記得我的《別讓世界的單薄，奪去你生命的厚度》一書中，曾以死亡為例，強調這種告別、句點是一切機會的終結，讓人深感絕望與不安，因為其他的告別可能是一個機會的重生，但這種告別不是。

當然，做為一個佛家弟子，我認為人在死後會轉世，這或許會讓我略感安慰，但不知道你有沒有發現，所有要詮釋死後世界的觀者，大都強調此生的「延續」：有可能這個延續跟原本不太一樣，比如換了一個肉體但是不換靈魂，或是雖然靈魂會變動，但仍有某些「延續」自上輩子的東西。事實上，你可以發現，這些詮釋的本質，都是我們無法接受此生會徹底「終結」，下意識想要詮釋：「好吧，此生可能大部分會終結，但是至少有……會保留。」

我們似乎無法接受全然終結。

當然，客觀上到底會不會全然終結是一回事。重點在於主觀上，我們就是無法接受全然的滅與盡，畢竟往往會追求某個階段的終結，是因爲現況不適、無聊或是痛苦，而至少要有一個「感知者」在體會這些現況終結後的「樂」吧！否則，這樣的終結不就毫無意義嗎？

然而，當我們抱有爲了終結現在的苦的念想，並且隱性期待未來會有「樂」時，就會讓我們無法眞正終結，這有點像傳統佛法上提到的一個悖論：如果你將自己的資產、精力與知識無私、毫無期待地分享給別人，你就會得到無量的福德（福報）；反之，如果在這個過程中，你對結果有所期待、抱持著交換的心態去做，這個心態就會破壞你的無私，以致你的福報沒那麼多。

超弔詭，的確是個悖論吧！沒有主觀期待，才會有更美好的結果，但是許多人往往是因爲追求那美好的結果才有了主觀期待，並付諸行動，但這恰恰讓你無法得到美好的結果。現代有一個詞專門形容這種狀態，叫做「知識的詛咒」。根據我的經驗，要擺脫「知識的詛咒」，必須養成習慣，一開始或許都因爲期待結果而行動，但是當你養成「如此行動」的習慣後，對其結果的期待就會漸漸脫離，最後接近眞實的無私與毫無期待，佛法中將這個過程稱爲「借假修眞」。

一件事情終結後，究竟會徹底重生、跳脫、重新開始，抑或是眞的就終結？我們沒辦法確切知道，反而可能因爲我們主觀上期待終結之後，而讓結果與我們想像的不一樣；然而，爲了害怕而苟延殘喘，往往只會讓人更不確定。

現況不適的終結，可能讓你更前進，也可能更退後。到底是哪一個，只有你付諸勇氣去終結，才會發現。一切只會不同，不會單方面的更好或更壞。

只有當我們勇於終結、擺脫膠著和泥濘，才能活在勇氣與不後悔的「不虧本」中。

19 半神
——安在人世，活出神性

「神性」一詞會讓你想到什麼？

慈悲、智慧、寬恕、高雅、愛……

那麼，「人性」一詞呢？

怯弱、無力、經不起考驗、無奈、勇氣、承擔……

我曾聽過一個說法，主張「英雄」並不是那些保家衛國的偉大將士，或是電影中在天上抗擊壞人的英雄，而是那些努力養活孩子的單親媽媽、離開家鄉打拚的青年，或是努力與孩子修補關係的長者。

藏傳佛教史上有一位知名的密勒日巴大師，他出身貴族但幼年喪父，親戚奪走了他的家產，並將他們一家變為奴隸，長大後的他為了報仇學習黑巫術，

一次性地咒殺了三十五名家人，後來深感悔恨，在嚴師的指導下備受折磨，終生居山苦修十餘年。

他傳授給入室弟子的訣竅，並非什麼高超的技巧，而是讓他們看看他那久坐石面上、已經磨成像樹皮般的屁股；而他下半輩子告訴人的一個重要訊息，包括：「我上半輩子都在哭，我下半輩子都在笑。」和「我只是個人，千萬別將我神化。」

藏傳佛教有個我個人認爲不好的習慣，就是只要某代出現了大師，當時的社會氛圍最終就會把他神化，透過預言檢索和降神等方式，指出他是某位聖人、大師的轉世與化身。藏人認爲這是對他的一種崇高的禮讚，但老實說，我認爲這是無比的侮辱。

在許多語言中，神都與天有關，藏文也一樣稱神爲「Lha」，原意是高高在上之意，也就是天空。但天空跟地面不一樣，地面有好多起伏、有湖泊、沼澤、沙漠、平原，每個地方都有各式各樣的風景，因此孕育出的不同文化、語言、習俗。

如果天上有個國度，想必大家都用同一種語言，也不需要「交流」，因爲大家都一樣，應該滿無聊的吧。

求學時，我一直對於高深的、遠方的、高廣的情境有嚮往。畢竟做宗教研究，對於高尙的聖人，不論稱之爲神還是佛，本質上幾乎都走向了一種對高尙、天生、無起伏、無顚簸、無動靜的理智，甚至是不苦不樂的超然崇拜；或許是因爲大家在凡俗的生活中，經歷了太多的迷惘、困頓、起伏、顚簸和不確定，實在是受不了了，想追求一種什麼都沒有，或至少不需要經歷什麼苦難與困頓的狀態。

沒錯，當我們談到神性，談的似乎都是一種超然，一般人都會認爲是個正面的用詞；但是當我們說到人性，就好像是個滿毀譽參半的詞。回想一下，上次你聽到「人性」這個詞是何時？是在描述正面的特質、還是負面的特質呢？

人性好像眞的就是個中性的詞，有時候會用來形容懦弱、貪婪、自私，但有時候也可用來形容光輝、勇氣、努力……就像大地一樣，有各種情景和地形，人性也是如此的多元而特異。

但是，天空會長得出花園嗎？就像我剛剛說的，天上的景象是如此一致而單調，也沒有土壤和多元的空間，能長出美好又多元的植物來建構出花園。天空沒有可「施力」的地方，我們無法透過任何的勇氣和努力，去撼動其於萬一。

那麼，所謂的「神性」不也是如此嗎？沒有掙扎、沒有堆疊、沒有可施力之處，它不增不減、一直都是那樣，我們往往以為，擁有神性就是可以克服所有的問題，擁有某些高超的、超然的心智能力，就能不再受生活中的苦難所征服。

或許，更重要的，就更不需要不確定和掩飾，也更不會感到羞愧和不安。我覺得大家對羞愧和不安有種莫名的延伸和焦慮，其實更根本的是對自己的掙扎、迷惘、不知所措、失落感到自卑；也對，神性永遠看似如此明快，甚至不要講什麼神性，連近百年才出現的電腦，這種連人性都沒有的機器，也是明快而有效率。

覺得自己身而為人，一方面不如神，一方面又不如電腦，而感到自卑，似乎是很合理的結論。

問題在於，上述的這些特質，不論是掙扎、迷惘、不知所措，還是失落感，都只會發生在一種場景，就是實際的成長中、實際的努力中；試想，如果一直如舊而沒有面對生活點點滴滴的起伏，也沒有要成長、要體會生活，那又何會掙扎、迷惘呢？這些感受往往出現在我們來到新的環境時，所產生的進步與累積，而在天上沒有什麼起伏與改變，又怎麼會迷惘呢？

人應該爲迷惘與掙扎感到榮耀，因爲每次迷惘後、掙扎後，你都會變得跟以前不一樣。你會活出多一點什麼，也會失去一點什麼，而這些都會留下來，成爲你生命的印記。

承擔成長痛

當然，徹底崇拜神性是一種選擇，徹底規避掙扎，不論是搽脂抹粉或是直接放棄，是另一種選擇；讓自己活一次——不是生存，是「活」，也是一種選擇。我個人覺得這不是太容易的選擇，是跳脫大腦二元設定，回歸眞實世界的第三種選擇。

很長一段時間，我不知道，甚或不相信世界上有這樣的選擇：艱苦的生活環境與競爭激烈的生長歷程，讓我只能努力活出神性。因爲掙扎、困頓這種

「不明快」的特質，會讓自己失去競爭力；慢慢的，我也因為這樣的能力而在自己的生涯中飽受讚譽與紅利，以為自己不會再掙扎、困頓。

但是，這怎麼可能呢？特別是身在現代的我們，每天面對的問題，都是前人不曾面對的問題，我們正在飛速地成長，不論是群體還是個人；而飛速成長時，困頓與迷惘，正是我們最會遇到的老朋友。

直到有一天，我看到有人不是選擇明快、跳過或是掩飾，而是選擇承擔迷惘、承擔這種「成長痛」（小時候我常常手腳痛，媽媽都說這是「成長痛」，是孩子的骨骼在發育過程中的正常現象），在知道自己走上、所在的是一種迷惘之路時，他選擇的是「活在其中」。

對我來說，做出這樣選擇的人，既不是神，也不是人，是「半神」，是人將自己安在人的世界中，但是活出神性的時刻；重點在於選擇「安在」那裡，不跳脫、不躲避，也不跑走，就「安」著。我認為，之所以「安著」，是因為要「活著」，而這讓我深受啓發。

或許你會以為，我受到的啓發是他很努力、很有勇氣，其實是因為他很掙扎、很困頓，但他仍「安著」。想不到吧！一個人的困頓與迷惘，甚或可以成爲別人的啓發，重點在於其啓發人的並非結果，而是過程本身。

天上的神很難激勵人，因爲他們具備無限的能力，因爲天上如此的平淡與一致。但是經歷過勇氣與困頓，仍然「安在」那裡的人，僅僅是分享自己的困頓與不安，就能讓人充滿信任，因爲我們看到別人「活著」，而「活著」這件事情恰恰是沒有目標的，因爲目標屬於未來，活著屬於現在。

或許有人會以爲密勒日巴的屁股帶給人的啓發，是因爲他靠著「屁股」成爲「大師」，或是因爲他當時很艱辛；但我認爲，其所啓發的，只是因爲他的屁股粗粗的，你我的沒有。

或許你生命中沒有看過這樣的人，我很幸運能夠看到。現在也與你分享我看到的這位半神，一位「活著」的半神。

20 一包爆米花與一根吉拿棒
——別再撐竿跳人生

我先自承，我是個吃不懂吉拿棒的人。

基本上，我其實不太喜歡在看電影時吃東西，特別是味道太強烈的食物。若是旁邊有人在吃，更讓我覺得厭煩。當然看電影配點東西吃，特別是吃一些不會太不方便的東西，好像也是滿搭的。

印象中，臺灣電影院常見的食物有兩種：一種是吉拿棒，油炸（或烘烤）後撒上糖霜，口感脆脆的、有點像油條；另一種是爆米花，一個大大的紙袋中裝滿了一顆顆爆米花。我個人最喜歡的是鹹甜綜合的口味，不會太膩與單調，互相襯托，又帶有些驚喜。

我喜歡爆米花，第一個原因是我手很賤，少了根筋，時常弄翻東西、把東西掉在地上，又常常自認自己手很大，可以一次拿起很多東西，結果東西掉得到處都是。所以，如果我拿的是吉拿棒，一旦不小心掉在地上，整根都完了，不能吃；至於爆米花，如果不小心打翻，至多就是好幾顆，甚至半包不見，但還是有些剩餘的，仍在紙袋裡可以吃。

另外一個原因是：爆米花吃起來很安心，因爲你會一直掏、一直掏，不會一口氣就看到底了；吉拿棒則不是這樣，一口一口、馬上就吃完了，總覺得不過癮，捨不得吃。

好啦，這些都不過是我爲自己找的理由，純粹爲了說服自己，我愛爆米花是有道理的。

不過，吃歸吃，做事情方面，我發現自己滿像吉拿棒，而不像爆米花。或許與我的成長歷程有關，從小就必須在陌生環境中力爭上游，努力爭取更好的學習資源和生活資源，所以我一直很擅長用「撐竿跳」的方式成長。

所謂「撐竿跳」，算是我自己發明的詞吧！指的是，在成長的歷程中不是用「累積」的，而是一階一階往上跳。不過，我不是一開始就有目的性地設定目標往上跳，而是不知何時起，已經善於並習慣於這種成長方式。

舉例來說，在我的宗教圈的工作來看，我現在做爲我的老師——大寶法王在佛學專業與翻譯上的助手，這個過程是一步一步發生的；當然，一開始我沒有想到最後會到這一步，但是現在回過頭去看，這個「撐竿跳」的過程是明確的。在我的微自傳《難以勸誡的勇氣》中有完整的描述，但簡要來說：我二○○六年在臺灣出家，在臺灣當時對其他地區的佛教（漢傳佛教，南傳佛教）包容、交流與接納性最高的「生命體系」修學；我當時是同輩最晚、最菜出家的，我的大師兄早了我三年！我的年紀也不大，算是較小的。

不過，我自然地（眞正是自然地）與長輩、與大師兄們有密切的關係與互動，漸漸得到一些重視，也因此有些機遇和別人少有的視角吧！二○○八年，因爲這些機會與累積，我有機會去印度求學。想像一下，一開始我也是一個留學僧，整個教派中這樣的人屈指可數；其次，從工作的角度來看，我年紀極輕，但是從求學的角度來看，我已經算老了。大部分的當地同學，都比我早至少五年就開始學習，而我身爲一個外地人，不熟悉他們的母語，所以，其實我是遠遠輸在起跑點的。

不過，我也是用一種「撐竿跳」的方式，一路往前進：先是用三個月的學習成效來「說服」學院的管事人，讓我跳級插班佛學院；再不停跟我的學長們學習、犧牲睡眠與最強的人辯論、研討，讓我在班上的成績開始名列前茅；接著我把所有時間投入辯論、和與教派內的重要「種子上師」（轉世者，藏文稱之為「仁波切」，一般指的是某些大師過世後、轉世為人再次修學，往往有特別的教育資源、未來也被賦予眾望）共事，最後成為我們教派中極為重要的「種子上師」的辯友，並用這樣的小成就在教派內各學院聯席的辯論會上立名。

慢慢累積下來，才更耐磨

後來，知道我的精神導師大寶法王，對於研修並理解日本的密法有興趣，我就自動請纓前往修學，幸運得以畢業；同時也透過苦練翻譯、和知道我的老師對現代學術研究佛法的相關興趣，而把時間花在這上面，最後得以為我的老師工作，服事這個古老教派，同時以這樣的基底，來開創我想做的事業。

其實這整個過程中，我都是用「撐竿跳」一層一層往上跳；然而，每次都是孤注一擲，只要任何一個環節出了差錯，後面就沒戲了：如若當初我沒有成功在一頓飯上說服學院的祕書長，我也就沒有跳級入學的機會。如果我沒有讓學院的種子上師們意識到我的辯論能力，也就不會有後面立名，並被我的老師注意到我的才能的可能。

當然，若是我當初在學習日本密法過程中有哪個環節失手（還眞的有，好險得以補救），那我後面這些也都不可能發生。失手的那次，是我因爲前一天工作到深夜，第二天一早九點半要到臺中上課，整個路程必須「步行—火車—高鐵—火車—步行」，歷經兩小時，每個班次都是扣死的，一個環節都不能遲到。

那堂課程至爲重要，是到日本本山上課前的模擬，當時我的老師說得很清楚：「如果錯過這堂訓練，就不能上山了。」（你看吧，又是一次「撐竿跳」、一旦錯過就會墜落深谷的那種）好死不死，我實在太累了，睡到一半接到老師的電話、從床上嚇坐起來時，正眼看到我面前的時鐘正好是九點半，而我的老師在電話那端問：「仁謙，你在哪裡？」

從那之後，我就落下了一個心疾，只要第二天的行程在早上，前一天晚上就會睡不好，怎樣都睡不著，因爲擔心第二天睡過頭，一路到現在都是這樣，怎麼都不見好。

你會發現，這種「撐竿跳」的過程，並非用「累積」的方式在成長，而是用一次快速躍進的方式，往上躍進。我發現不但自己這樣，很多人也都是這樣；特別是不但在工作上如此，連在感情上也是。相對於花時間慢慢沉澱相處，更想要用某種達標的方式來爭取到對方的在意與用心，送一次禮物、快點確定關係、一起出一次國，透過某種一次性的、達標性的方式，來得到自己在意的東西。

問題是，這種達標性、一次性的東西，本身的基礎是不踏實的，所以過程中會感到無比焦慮；而且一旦你臨時因爲某些原因，無法再維持著這個「撐竿」的時候，這整個局就會塌了，或是會擔心塌了。

後來我才慢慢學會，很多東西必須是慢慢累積的，達標時沒那麼快，往往很緩慢；但正因爲它是慢慢累積的，出意外時也不會馬上崩塌，而是慢慢磨損。反過來說，那種一次性達標的模式，雖然好像很快，可以一次跳到很高的高度，但相對的，當你跌了一跤或一時狀態不好，這可能就會整個崩塌掉。

就像前面說的一樣，一整根吉拿棒如果掉到地上，就全都不能吃了；但是一包爆米花，就算有許多溢出來、掉到地上，紙袋裡面仍然會留有許多顆粒，不會全撒光。

堆疊的、累積的東西，需要時間，但是耐磨；更重要的是，堆疊的過程是關注、活在每個當下，體會著每一分酸甜苦辣，而當我們使用撐竿跳時，其實練習的就是跳過、忽略，是讓自己只把心思放在未來，忽略「活在當下」。

就像我常說的，你練習什麼，就會善於什麼。你想練習一路狂奔，忘記身旁呢？還是走著、看著，慢慢累積而不心慌？

21 跳河——放下舊有自我，擁抱世界的溫柔與殘酷

來玩個遊戲。

如果可以選擇，你想放棄全世界，還是放棄自己？

我的意思是，如果你可以選擇忘卻、放下點什麼，你會選擇放下自己，還是放下世界？

我倒是滿常建議人，要照顧好自己，千萬不要放棄自己。因爲我們如果連自己都放棄了，那還指望誰不拋下我們呢？但從我研修的印度佛學觀點來看，如果我們放棄了世界，自然也就沒有「相對於世界的個人」存在了：沒有了世界，個人存在的意義又何在呢？

不過現代社會學指出，人對自我的認識是來自與世界的互動與拉扯，我們

往往是從別人口中，認識到自己是怎樣的人。這個反射脈絡非常根本，對我們的影響幾乎是潛移默化的。舉例來說，部分心理學家指出，人長大後與社會的互動關係，受小時候的「依附習慣」所影響，如果小時候常常被忽略，或是照顧者並不清楚狀況、忽略我們的反應，或是對我們沒有耐心，會導致我們長大後的迴避、閃躲、退後。

從另一個層面來看，這會讓我們認爲自己不值得被好好對待。我們面對問題時習慣閃避、退後的反應與行動，其實根深蒂固的是覺得自己「被忽略很正常」的認知。

從這個層面來看，如果沒有世界，根本就塑造不出我，因爲我們對於自己的認知，來自世界的回應與互動；但反過來說，根據現代學者的研究認知指出，人類有一種「賦予事物能動性」的本能。這種本能稱爲「高度敏感能動作用檢測機制（HADD）」，也就是說，我們會傾向於將身邊周遭發生的事情，解讀爲有人在背後操控；比如，當你在深夜聽到樓上傳來的聲音時，你下意識想的是，樓上有人在發出聲音，哪怕你住在頂樓也會這麼覺得，但是當你發現，上面並沒有人時，可能就會開始覺得有鬼，哈。

換句話說，我們會覺得外在世界的事物跟自己是一樣的。這也是爲什麼小朋友看到卡通中的車子，能理所當然認爲，車燈是眼睛、保險桿是嘴巴，並且把它視爲一個生命來互動和對話。從這個角度來看，人對世界的認知，是基於對自己的認知，因爲我們認爲自己是有生命的，所以也會如此解讀世界。

在這樣的情況下，放下自我，好像等於放下認識世界的機會，對吧？寫這麼多，只是想與你分享，我一般在思考問題時，經常出現的場景：我往往會在正反兩方搖擺與循環，試圖推翻自己舊有的想法，來得出一點結論。至於爲什麼我會想思考、討論這個問題呢？

我認爲現代人（或甚至是人類本身）面臨到最典型的問題，就是「何謂自己」，從我們日常會看到的「愛自己」「認識自己」「做自己」，到學術性的問題，比如宗教學認爲「人想要活成完人」，科學哲學認爲「科技發展，是人活成完人的過程」「科技是人的感知延伸」，或是心理學與精神醫學想輔助人活出「完善的人格」「更好的人」等，其實都是在關注自己。

沒有不變的自我

我觀察到有些人對於認識自我似乎有種誤解，好像有個「客體不變」的自我在那邊等著我們認識一般。然而事實是，自我會一路成長、直到死去那天，並沒有一個「客體不變」的自我。所以，你今年認識到的自我，明年其實就改變了。如果我們沒意識到「自我不停變動」，而以爲自己已經認識到自我，勢必會離事實越來越遠。

從這個角度來看，或許會發現，眞正重要的不是認識自我，而是對自我的變動抱持開放心態，進而懂得觀察、關注自我生命的流動。只有當我們放下自己必須有個固定的、美好的樣子，或是必須固守現在的樣子時，我們才會發現自我的變動性，也才能眞的活在生活中。

所以，如果你問我，要放棄哪一個？我覺得就像跳河一樣，我選擇放棄的是自己——應該說，放下的是那個認爲自己有固定形象的執念、對舊有自我的執念。當我們有勇氣踏出這步時，或許會發現：

放棄世界後，自己不再會有成長，也不復存在，就像失去鏡子無法正衣冠的人一般。然而，若有勇氣放下舊有自我，世界還能時而溫柔、時而殘酷的敲打與重塑我們。

22 鏡子——溝通是爲了眞實地看見彼此

以前，我一直認爲自己是個會說話的人。

從小到大，我時常參加各種演講比賽。到印度求學期間，也依序在學院或代表學院參與許多演講，每天在學院辯論好幾個小時，也在各種學院聯席辯論場上參賽。由於我受到的訓練是藏傳佛法所繼承的印度因明辯論系統，對於用字遣詞要求的很精準，「是」和「有」的差別，「是……一定是」和「是」的差別，「不是」與「不一定是」……這些用字遣詞的精準性，幾乎是第一年學辯論一定要熟稔的技巧。

回來臺灣後，我做的工作也幾乎跟講話有關：口譯、教學、傳播等。

所以，直到兩、三年前，如果有人問我，我是不是一個善於言詞的人？我

一定會很肯定而有自信的說：是。

直到近年，我開始有機會與更多不像我一樣鑽研於學術專業用詞的朋友，一起合作和互動，我忽然覺得自己不太會說話。首先是當我開始看、聽自己的影音作品，我發現就算是與人對談時，也幾乎都是我在講，我的聲音占了整段對話的百分之八十，對方幾乎只剩下百分之二十的空間。

我以前認爲這很正常。當時我自以爲自己言之有物，與其把那些時間留下來讓對方講主觀的感覺與廢話，還不如都讓我說就好。但是當我發現自以爲說得夠白話的知識輸出內容，對很多人來說其實難以理解，還需要更生活化的言語來描述時，我開始反思這個問題。

我發現自己很少詢問別人的意見，就算問了也會過濾，只聽進或深入自己覺得有意義、有價值的內容，對別人日常生活的小想法，則是置之不理。

我一向是樂於，也勇於探索的人，當發現自己遇到瓶頸時，會積極面對與調整。追根究柢，我知道自己沒有眞心想了解對方，習慣用以前受到的訓練，在溝通的當下一次次上演路徑依賴，用慣性模式去面對對方，而不是眞心想與對方交換意見與溝通。

結合正念來溝通

意識到這件事情後，我做了兩個嘗試：首先，每次與人對話時，我都會提醒自己說完一段話後，停下來問：「你覺得呢？」或「你怎麼想？」在對方說話的當下，抑制自己想插話的衝動，也約束自己天馬行空的想法專心聽。這聽起來很簡單，對我卻挺不容易。當時我讀了不少關於溝通的書，其中一本《正念溝通》讓我印象深刻而深感連結。因爲「正念」一詞與我熟悉的佛學有深刻的關係，我長期在練習禪修、正念等心智訓練的內容，所以將其與「溝通」連結在一起，讓我感到更爲親切。

這本書描述到溝通時需要「臨在」，也就是與當事人共同生活在當場。常見的狀況是，對方說話時，我們並沒有眞的在場，腦子正在天馬行空，或是回應都不是有意識的，而是用自動化模式回應對方。

自動化模式可能會導致幾種結果，一種是我們用平常習慣的敷衍來回應，結果卻錯過了重要的訊息與時刻；或是當自己被激怒時，直接用本能腦中的「戰、逃、僵」等二元反應來回應，結果卻重重傷害了對方；或是隨意打斷對方，沒有用心聆聽。

這些都是我們沒有「意識」、沒有「覺知」的回應所導致的結果。《正念溝通》認爲，將正念結合到溝通時，我們會與對方臨在，也就是兩人的溝通是在同一個現場進行的。此時我們將能有選擇，因爲已經覺知自己在幹嘛。比如，你在對方說話的同時有說話衝動（我常常這樣），過去你可能會直接脫口而出，但當正念啓動，你會先意識到自己的衝動，再選擇要不要停頓，這就是一種正念訓練的結果。

再寫下去，這段就要變成爲那本書業配的章節了。總之，那本書讓我受益良多，我不僅開始練習，並深有收穫。當自己開始眞誠想要聆聽，而不是想要改變與影響對方時，溝通將會變得有效、有趣且有意義。如上所述，當正念未被開啓，我們往往會用自動模式與對方互動，而自動模式是透過日常的訓練養成的。以我爲例，因爲一向習慣於辯論、說服和演說，使得我的自動模式並沒有「說—聽」的完整流程，而是「說—說—說」；更具體來說，這個過程中就算有聽，也不是爲了聆聽對方的眞實想法，而是爲了讓自己知道對方在意的部分，或是對方理解我話語時的障礙處，好讓我能更有效去說服。

然而，我們都知道，最有效的溝通其實是讓對方可以暢談。調查顯示，我們會喜歡的，往往不是一個一直對我們說教的人，而是一個願意聽我們說話的人，我們都渴望眞實的自己能被對方接受，那麼又何必要透過話語去改變，或是說服對方呢？

我的心得是，我們或許得分清自己的意圖是想要透過「溝通」來達成理解，還是想要說服對方或影響對方；這就像是鏡子跟濾鏡的差別一樣，我們到底想要眞實看到對方，還是只想改變對方，甚或改變對方在我們心目中的形象呢？

對我來說，溝通最重要的，不但是在描述事實，更是在建構事實。一次有效的溝通，能讓雙方在當下產生連結，而非固守在自己的想像與計畫中。這種連結能夠讓我們更加密切，而前提是眞實地接受他人。

當我們眞誠地接受他人，對方才能眞誠地看到你；若抱持著改變對方的意圖，則兩個人其實沒有一同臨在、一同活在一起，那麼我們又怎能怪人不接觸眞實的我呢？

畢竟，要眞正產生連結，唯一的選項是不帶批判地接納、臨在，而臨在是雙方合作才會發生的，如果我們自己不這麼做，又怎麼可能期待連結的產生呢？

23 未成年請勿飲酒
——放下路徑依賴，出路更寬廣

我從十三歲到近十九歲這段期間，幾乎所有的時間都住在印度，所以並沒有經歷過一般人從未成年到成年的成長歷程。現在回想起來，我讀書時算是跳級入學，十三歲就進入了連一般藏人都要十六歲以上才能入學的全藏語佛學院，班上的同學幾乎都大我五歲以上，唯一例外的是學院創辦人的轉世——第四世蔣貢康楚仁波切。由於他是轉世的大師，自然接受例外的教育；也因爲是教派中地位極高的上師，所以被賦予重望。他小我一歲，也在我們班上。

自然而然，我也不太有同輩一起成長、一起反抗體制和一起挫折的時光，所以也沒有在十八歲後感受到成年的喜悅，或是某種禁忌的解縛；頂多就是在我還俗後可以考駕照這件事情，讓我稍微意識到「哇！我成年了！」畢竟，十三歲後我就習慣獨自旅行許久，那種「成年禁令」的解封感，可能在更早時就已體驗到。

另一件在成年時大家也會很期待的事則是「飲酒」。在大部分的國家與地區，十八歲前未成年的飲酒與買酒都是違法的，成年後則可以自行決定，應該也是一種會讓人感到狂喜和期待的體驗。不過，我時常在想，用年齡來界定長大是否合理？有趣的地方在於，我們要怎麼界定一個人能從某一刻開始，具備所有承擔其行爲後果的能力？是在某個時間點，比如十八歲生日當天凌晨十二點整，突然就長出某種智慧，或是具備某種能力，可以承擔之前無法承擔的事情嗎？

承擔挑戰的能力，其實是一個人隨著年歲成長，理應越來越擅長或具備的能力，或許我們正是稱這個能力的增長爲「成熟」；然而，另一項有趣的事情是，我們往往會忽略這種能力，只重視挑戰本身的難度。若再次以「酒」爲例，我個人的酒量非常差，幾乎是混酒五、六口就不行的程度，所以對我來說，酒精濃度其實毫無參考價値可言，因爲我的基因就注定了自己不具有飲酒的能力。

然而，很多時候朋友勸我酒時老會說：「哎呀，這個不到一〇%啦！」或是「這酒精濃度很低，你不用擔心。」我有時候會被說服、一頭熱地喝了一些，事後才發現，不論酒精濃度高低，對我來說似乎一點意義都沒有，因爲我不用等到「高低」的差異出現，就會因爲自身的能力不足而不支倒地。

如果我是個好面子的人，或是不懂得怎麼拒絕別人，你可以想像那個場面會變得多不妙。除了自己酒量不好之外，又會因爲缺乏「放下面子」「拒絕別人」的能力，讓自己變得更加不舒服，可能來到聚會現場不到十五分鐘就喝死了。

換言之，難的其實是主觀上自我能力的缺乏，而不是客觀上外在條件的難易。這讓我想到小時候常常聽到大人說，小時候遇到的難題不算什麼難題，長大之後遇到的才是眞正的難；我小時候眞的這麼相信，長大後發現根本不是這麼回事。長大之後，的確有很多崩潰時刻，或是偶爾感覺厭世之至，但總是覺得自己有能力面對與處理，至少懂得躲避、發洩或推卸，做法不一定健康，至少能做點什麼。

然而，小時候完全不是這麼回事，一來雖然面對的事情不是大事，但根本不知道怎麼面對，甚至連閃躲的機會都沒有；既不知道怎麼說出自己的感受，又不知道可以信任誰，特別是如果家裡的大人又常常不在，或是關係不好，孩子只得在一片黑暗中邊摸索邊前進。回想起我成長時期的感受，眞的就是「熬」和「闇冥」。

反思其他的可能路徑

雖然我是個天生相對樂觀、對未來抱持光明期待的人，但仍然記得當時對於生命的所有問題，都充滿一種闇冥感。細究之，所謂的闇冥感並不是說前途黑暗，而是看不清道路。因爲當你有路可循時，你可以歸納，比如遇過種族排擠、並有一套應對方式後，你就可以歸納出在不同的情況是該反擊，還是該退讓，或至少若你知道怎麼向他人求援，請求幫助，也能學會找到這樣的管道。

但問題是，就像前面舉的例子一樣：好面子的死穴，可能會讓酒量不好的現實變成慘劇。同樣的，小時候我們連要向人求援，或是具體說出自己的感受，可能都力有未逮，如果當場又沒有一個足夠信賴，或是具有聆聽耐心的人，那可能在求援路上，我們也會感到無比的闇冥。長大後，我們學會了歸納，雖然這可能是某種路徑依賴，但至少我們有條路徑可以走，至少不用陷入那種闇冥之中。

當我們不知道如何前往、如何到達一個地方時，勢必會迫切尋找出某個路徑，可是在前往同一地點的過程中，其實有很多條路徑存在、有很多的可能性，我們卻往往因爲太急於找到一條路徑，而在任何一條出現後，就直接依賴它，卻沒有想過這個路徑會不會也是一種束縛。

舉例來說，每次面對朋友勸酒或想灌我酒時，如果對方說「不喝不是朋友」，我下意識就會回：「所以我們的友情建立在一杯酒精上嗎？」讓對方瞬間愣住。這可能是我自認面對和處理這種情況的途徑，因爲這種依賴，我可能習慣於這種方式，卻不知有其他方式可以讓我更自在的應對，也不會給他人帶來驚愕與不適。或許這也是爲什麼，許多人到了一定的歲數後，會羨慕孩子的童真：因爲孩子並沒有路徑依賴，他們面對事情時都毫無歸納的路徑可言，而長者已經習慣了大半輩子的路徑依賴，特別是這條路徑可能不是「最有效」「最舒適」的，充其量不過是最早出現的。但我們因爲不想熬、受夠了熬，所以直接囫圇吞棗地接受，做為我們的路徑。

路徑是一項工具，幫助我們擺脫了「熬」的難為，但當我們已經不再需要「熬」，或許就可以過得更自在，也活得更自在；而這一切，必須從開始反思與意識自己的目標是否能從其他路徑來達成開始。

至少我是這麼想的。

24 遞弱，代償——在翻篇的當下享受

印度佛教後期的藝術文化與西藏佛教的許多禪修指導中，都會用到「大海與海浪」的譬喻。比如內心與念頭的關係，就如同大海與海浪一樣，海浪會湧現極爲正常，是內心這個大海的自然展現。問題就在於，我們往往無法接受海浪是大海的自然湧現，而想對海浪做點什麼。

舉例來說，我曾經指導過一位學生禪修，他對於毫無情緒的平靜狀態有些偏執，或許因爲不曾學會面對情緒，他處理情緒的核心目標，不是善用它，而是想消除情緒、回歸平靜。我當時問他：「你覺得有情緒不好嗎？」他愣了一會兒，我告訴他：「情緒是心理的正常反應，如果沒有情緒，我們會不知如何保護自己，也不知如何行動。」

情緒是心的正常能量釋放，問題在於我們對這個正常的狀態，往往無法適當地看待，要麼把它放大、被它綁架，要麼想快速消除它、閃躲它，我們就是無法安在當下、直球面對。

我對於這件事情的體悟，隨著年歲漸長越來越深刻，甚或更加發現人類社會一直以來似乎也是在這個循環中發展。舉個我比較熟悉的例子，根據歷史研究，早在過去泛靈論時代，人類就認爲自己不過是整個萬有宇宙中的一個小點、一個角色（其實現代這種理論也開始復興）；不過隨著時間推移，人們對自己在宇宙中重要性和角色的想像逐步上升。

多神教時代，人類開始認爲自己是萬有世界中能與神祇直接溝通和作用的角色。比如我們會認爲，透過人類的一些儀式，能與萬神達成一些共識、合作：人若是獻祭、萬神會開心而讓五穀豐登；反之，如果人類不與萬神保持聯繫，則會受到懲罰，「人與萬神」的關係，在這個模組中是核心，人類的行動會影響世界。

這種認知其實現在仍存在，受到泛靈論和多神論文化影響的密教，就有許多與大自然現象有關的聖靈（本尊），比如一般在止雨時會祈禱「孔雀明王」，控制星宿時會祈禱「摩利支天」等等；一旦作法靈驗，勢必會產生一種「你看，我可以影響自然呢」的念想。

不過，這種傾向其實越走到後面越極端，開始進入一神教。人類不但具有與世界互動的核心力量，而且直接上升爲世界的主角。一神教的世界觀與歷史中，正是「人類—造世主」之間的故事，就像我很喜歡的作家哈拉瑞所說的，一神教時代，名爲「世界」的這個舞臺上，其他的生命都變成了背景，只剩下人與單一的神，可以並有資格做爲世界的主角。

逃避，只會讓自己更加無力

神用自己的形象來製造人、人扮演著神的力量與作品的展現，這都是一神教中很重要的世界觀，這種世界觀隨著人類社會來到近代，開始受到挑戰。首先，科學家發現人類不但不是宇宙的中心，甚至可能只是其他物種演化而來的結果，我們一點都不神聖，也不是核心，而是一種變異的結果。

許多人類引以爲傲的優點，其實都不是什麼神聖的特徵，而是變異所發生的結果。舉例來說，據聞現代人類都是早產兒，因爲我們的祖先本來是在地上爬行，當時骨盆寬度足以生出足歲嬰兒，但是當其中一群祖先站起來以後，人類骨盆開始縮小，導致原本足歲才會出生的嬰兒，因爲骨盆太小而無法出生，大量被淘汰。意外的，那些擁有早產基因的人類，卻因此活下來，因爲早產兒體積較小，能夠從縮小後的骨盆中順利生產。

這不過是種「意外」，沒什麼了不起的。

不但生物學上如此，其他學科也發現，我們所居住的世界不但不是世界中心，反而幾乎是宇宙的邊陲；總之，人類社會科學研究的進步，就是一個「人類價值」跌價的過程。從泛靈論時期，人類一直強化、固化自我的價值，一直將自己往上拉高、拉到宇宙的中心與至高點；到科學發展時期，這個過程開始出現逆向，人類的價值與自我認同開始跌價，跌回一種「生物」，甚至不是特別高級的生物，這過程不就像是大海中湧現了海浪、海浪又掉回大海之中嗎？

據說，人類與整個宇宙的發展，都具備一種天性：遞弱代償。也就是說，當某個東西開始衰退，我們就會想解決這個衰退的問題，因此發展出另外一種解決方式。比如，當人類處在採集時代，由於每個聚落人數不多，所以大家能夠在這樣的時代活著。然而，當人類開始群居、形成人數龐大的城市時，表面上看起來是人力擴張，事實上出現的衰退與問題正是食物來源不足。爲此，人類必須找出解決方式來補償這個缺口，因而進入到農耕社會。

雖然農耕看起來能養活更多人、發展更多文化，但這其實是當人類無法在採集文化中生存後，不得不發展出的方式。事實上，人類進入農耕時代後，出現很多以前採集社會不會發生的問題，包括各種筋骨疾病，以及因爲過度依賴農耕作物，一旦歉收就會出現大規模餓死等，過去不曾發生的事。哈拉瑞就說：「我們從農業革命能學到最重要的一課，很可能就是物種演化上的成功，並不代表個體的幸福。」研究像小麥和玉米這些植物的時候，或許純粹的演化觀點還有些道理。但對於像是牛、羊、智人這些有著複雜情感的動物來說，就必須想想演化上的成功會對個體的生活有什麼影響。每當人類的能力大幅增加、看來似乎大獲成功之際，個人的苦痛卻也總是隨之增長。

所以，我們認爲的變強與發展，其實往往是某種本能變弱或能力不足時，所發展出的替補措施，但這些措施都遠不如承認、接納原本自己變弱的事實。比如，我自己就因爲過去必須面對生命中很多不確定性與挑戰，所以習慣在每次問題到來時，不帶情緒地加快啓動理性去解決問題，用力、刻意、明快地去「翻頁」，卻不曾轉過頭看看當下自己眞實的感受。

很多人會說我很理性、能力很強，問題是這就是一個遞弱代償。由於我不知道如何與當下正在迷惘的自我共處，或者是成長過程中沒有訓練出這部分承受力的機會，所以選擇用一種閃躲、更用力、看似更精明其實是迴避的方式來面對問題。長此以往，我的迴避能力會越來越強，但也越來越習慣翻篇……

翻過了生命很多五味雜陳的階段，翻過了很多的迷惘與不舒適，但是也翻過了多元的生命本身。正像我與學生分享的：五味雜陳的體悟，本來就是生命的一部分，當我們閃躲，只會讓自己更加無力，錯失了許多美好的機會、錯過生活的多元與豐盛。

用一個我常用的思考邏輯就是：五十年後回過頭來，我會希望過過什麼樣的生活？是一個一向明快、一直翻頁並趕著生命走向終點的過程嗎？（生命的終點只有死亡喔！）還是一個過程中起伏不定，但是反思時深感豐盛而無悔的生命？

你說呢？

25 我不是個好人
——坦承與矯飾

你傷害過人嗎？

我以前不覺得自己傷害過人，畢竟我一向是個較優柔的人，也幾乎不曾對人抱持純粹的敵意，或是刻意想傷害誰；但我後來認真反思，覺得自己應該曾經傷害不少人。原因在於，我一向認爲自己理性，認爲自己做的判斷符合最長遠的利益或最正確的選擇；而在這些判斷面前，我極容易忽略他人的情緒與感受，甚或覺得：「奇怪，我做的選擇，對你、對我、對我們長遠來說，都是正確的，你有什麼情緒好鬧的？」

所以，我常常忽略了他人的情緒，或是面對他人的無奈與掙扎時往往過於冷酷，這應該算是傷害吧？

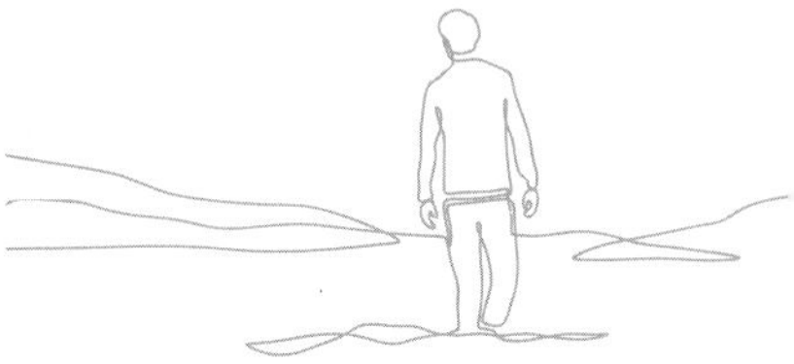

我後來追根究柢反思，之所以會這樣，可能是我成長過程中，不太容許自己有過多在情緒中迷惘的機會。

以我受到的佛教訓練爲例，我們一直在研究煩惱，也就是情緒，它帶有擾亂人心的特點，讓人心無法寧靜、平穩，所以稱之爲煩惱。傳統佛教的訓練，都是在導引我們如何制勝煩惱、不受它的影響。一般認爲，佛陀針對不同的人、給予了不同的建議，以協助我們克服、制服自己的煩惱；而這些各式各樣的方式可以歸納爲三大方向：摧毀、轉化和認識。

佛陀認爲，有些人完全無法面對煩惱，一出現就立刻要壓制、摧毀它；另外有些人則不至於摧毀，但習慣用轉化、昇華的方式來面對。第三種人，則是單純認識到煩惱，就能不受它的約束。這其實牽涉到非常複雜的理論，更與我上一篇提到、人在面對情緒時會有的一些排斥感等細節有關。

一般認爲，認識煩惱是最高段的做法。不過弔詭又有趣的是，我們讀書期間主攻的，都是在研究「武器」，也就是研究智慧如何發展，或者是研究煩惱背後的認知到底有什麼謬誤，但是很少眞的會花時間陪伴煩惱、陪伴自心的情緒。我們受到的訓練，導致較常在日常生活中發生的情境是：當自己內心出現某些強烈的情緒、感受與不滿時，會直接繞過去，看看背後的認知是什麼（例如對方應該先爲我著想），然後運用自己學到的邏輯、知識所培養出的智慧，去擊潰這項認知，讓整組「認知—情緒」瓦解。

受過訓練的我們，不會在情緒的當下深陷進去，幾乎是一看到它就繞道，去看背後的認知；所以反過來的問題就是：既然我沒有花時間陪伴情緒，又怎麼能認識到它呢？或許因爲這樣，隨著年歲增長，我已經習慣於繞過情緒、不面對情緒，卻自認那是不受情緒所困。

我有想過是不是對自己太嚴厲、不容許自己有受情緒所困的時刻？後來，我發現，一個人如何對待自己，就會如何對待他人，也幾乎會以相同視角看待別人對他的行動。我曾經遇過一起非常匪夷所思的事件，恰巧驗證了這件事情。

我有兩位前輩A與B。有次據說A在公司的財務問題上出了個大包、會嚴重造成名譽與實質損傷的那種，我那時很困惑，因爲這與我所認識的A不一樣，所以我想盡各種辦法，去發掘事情的眞相爲何。

相反的，前輩B卻表現出極爲奇怪的反應，完全不去詢問A、不去釐清到底事實爲何，重點是他與A的關係匪淺！竟然完全沒有要去求證的意圖。我超傻眼與訝異，心想：「爲何你連求證、給人家機會解釋都不願意呢？」

這個想法在我心中停留很久，直到一年後，事情漸趨明朗，發現A其實是被誤會的；更扯的事情出現了，換B被挖出在公司財務上動手腳，而且有眞憑實證，完全沒有挽回與解釋的餘地。事後我與朋友討論這件事情發現：或許正是因爲B自己心裡有鬼，所以一發現A有相關消息時，他下意識就覺得這一定是眞的。因爲自己也有這麼做，所以在完全沒有查證的情況下，就覺得對方有罪。

與過去和解，放過那個曾經錯誤的自己

從這個故事，你會發現，我們對於他人的解讀，往往來自於對自己的解讀；就像前面提到，當我對自己冷酷、不讓自己深陷情緒時，我也開始對別人冷酷而不自知。意識到這件事情後，我做了一個決定，就是與過去和解。

我列了一個名單，列出從小到大一些重要的朋友：有些以前很要好，但後來深感自己遭到背叛；有些曾經很親近，但當對方希望更近一步時，我卻變得

冷酷……諸如此類我自認傷害過的人。我一一打電話給他們，或是道歉，或是把話說開，或是眞誠地說明自己曾經面臨的不適與不安，導致我選擇用冷酷的方式解決和面對。

我印象深刻的是，佛陀曾經說過：善善相聚、惡惡相聚。也就是說，善會引來善、惡會引來惡。當我們抱持著良善的眼神，就會活出良善的生活與人際關係；反之，當我們抱持對立與邪惡的眼神與立場，就會活出不適的生活與人際關係。換句話說，當我們溫柔對待自己曾經傷害過的人、承認自己的錯誤，其實也是在放過那個曾經錯誤的自己。

當我向那些曾受到我冷酷所傷的人們道歉時，其實我正是在面對、承擔當初那個冷酷的我，並且決定饒過當時的自己。我不逃避、不繞過與解決，而是開始承擔與認識那個自我。或許，當我們面對自己曾經做爲迫害者、傷害者的那份錯誤，才能眞正饒過自己，也饒過對方，因爲矯飾雖能讓我們表面上躲過對方，但終究躲不過眞實的自我。我們只會因此活在一個自己想像中的世界、活著想像中的自我，就像我當初認爲自己很果斷，但其實是不眞實而自以爲是，並非眞實活在「那充滿錯誤與跌跌撞撞的生活中」。

26 煙火——等待，讓生命更增韌性

你是個能好好放假的人嗎？

早些年我不行，平常已經很忙了，幾乎都在忙例行工作，執行我早已定下的計畫；結果每次休假的時候，我腦中就會靈感噴發，幾乎一直拿著手機做各種筆記，避免靈感飛走。

這導致一個很不妙的結果，就是每次休假時，我都會提醒自己別帶電腦出門，可是哪些計畫執行到哪個階段，我都必須用手機記錄，但有時候手機在編輯與整理上不太方便……最後我幾乎都是在一邊覺得好想碰到電腦、一邊覺得應該要好好放假、一邊覺得自己這樣好矛盾，又一邊對手機的不方便性感到不妙……

反正整個人就是很矛盾。

我發現加快過生活，好像是我常見的一個模式。這跟我在前面章節提到、習慣用撐竿跳的方式成長有關。畢竟，撐竿跳的本質，就是跳到某個地方，而跳的過程中，心態自然就是想加快、想看到終點，所以加速一直是我生命的主軸。

我的生命歷程也往往是這樣，大家都說我長得老成、看起來比較成熟，我很多工作的成就與經驗，也都在年紀較輕時到來，這或許正是我生命加速的結果。但後來發現，很多美好的事物，必須等待才會發生。

這項體驗來自一些很微不足道的小事情，就是一些我實在很饞、很想吃的小店，偏偏這種店等餐要等超久，我有時實在餓得受不了、饞得受不了，很想快點吃到；但後來發現，如果當時沒有等待、急著想吃到的話，反而會讓那頓用餐經驗變得不妙。

關鍵在於，等待本身是讓事情變好的一個重要環節。另一個事件是來自我的宗教體驗，記得當初我在學習日本密教前，每週日早上九點必須到臺中上課，所以我幾乎七點左右就得在臺北醒來，然後步行—高鐵—火車—步行，過程中就是一路奔跑，幾乎不能有任何差誤。有時候臺北與臺中的溫差極大，常常是臺北偏冷、臺中溫暖，當我一路跑到道場時，都是氣喘吁吁。

到了道場之後，我們還得換上整套袍子，也就是日式風格的袈裟，包括一件連身的白色內袍、一套黑色的罩衫和一塊斜繫的黃色（或白色）袈裟。雖然我選用的材質大都是麻紗混紡的，但還是很熱，而且一層層的布疊在身上，很容易纏住、弄得一團亂。

每次在法會開始前，我們會在自己的位置上靜默。後來，我意外發現這是一個非常重要的過程。經歷了兩個多小時的氣喘吁吁和一團混亂，特別是大部分時候都來不及吃早餐，等到要開始前，終於可以靜默坐在那裡，哪怕只有五分鐘，都非常有幫助。

慢慢練出的韌勁

同樣的活動，有次曾經在臺北舉辦，我到現場後，由於換裝著裝花了不少時間，所以幾乎沒有靜默的餘地，就直接上場參加法式了。得出的體悟與結果是，相對於會前靜默五分鐘能達到的平靜與全專注狀態，沒有靜默直接開始的話，我要多花二十分鐘才能讓自己接近那種狀態。

或許你聽到的重點是欲速則不達，但我想講的其實是等待的重要性。因爲等待本身也會對結果、對你經驗的事情產生影響。法式中，我內心的專注度並非靜態的東西，有沒有等待五分鐘才進入狀態，差別不只是它來得早或晚這單一脈絡而已。差別在於，等待本身正是構成我後續專注度的一個重要元素，沒有那個等待，效益一定不會那麼明顯。

這段體悟對我來說至爲關鍵。或許這也是爲什麼後來我將自己的第一個宗教聚會所，取名爲「待室」吧！等待本身對後續經驗的品質會產生影響，就像看煙火一樣。看煙火的時候，你永遠不知道發射升空後、燦爛炸開前的「黑暗停頓」會有多久，但是只有停頓、只有讓自己等待，才能在煙火綻放後感到欣喜。換言之，如果沒有等待，那份欣喜感可能還會減少許多。

不但是看煙火這麼簡單的事情如此，我覺得複雜的人際關係也是這樣。當我們受到委屈、覺得不適，或是對於對方受到的苦難感到同情與憤怒時，我們最是無法等，都想立刻解決。我們或許從沒想過，想要好好解決，必須有項重要的元素——等待，去促成結果出現。等待，能啓動理性、訓練韌性。

如果我們不等待、急著要結果，結果果然到來了，但不是徹底地解決，而是暫時的妥協與未爆彈，等待著下次引爆。然而就像前面說的，由於結果本身就是一個動態的、變化的結果，所以我們的一舉一動，都會影響答案的發展。此時若是急躁、恰巧給了結果一個負面的助因，就會讓我們老是爲結果不如預期而感到無奈與悲傷。

練習什麼，就會善於什麼。整個過程中，我們唯一能練習的，就是由生活堆疊出來的「韌性」，韌性是一種穩定與身段，一種只有慢慢練、慢慢活，才會長出來的彈性與層次。當韌性走得越深，生命或許就能活得越穩當。

27 酥油花——一鼓作氣與慢慢完成

一般來說，我們不會稱呼「西藏」爲西藏。

西藏，其實是個很近代、差不多清代才開始廣泛使用的名字。我們一般稱呼這整個文化圈叫「Bod」（古語稱爲「蕃」，且這個字念「擘」，不念「番」），包括現代的西藏、一部分的甘肅、大部分的四川與大部分的青海，甚至一部分的尼泊爾、一部分的不丹。

整個「蕃」地區大多物質匱乏，高原與凍土的環境、日夜溫差又太大，讓蔬菜與各種穀類很難生長，唯一比較常見的穀物就是青稞，還有一些氂牛產品，如牛奶、牛角、牛皮、牛肉之類的，基本上很難達到營養均衡。

相對於印度和中國，可以用許多水果、鮮花來作爲供品和裝飾，藏傳佛教

並沒有這樣的機會，所幸漸漸發展出了另一種做法，也就是運用酥油和青稞粉，來製成各式各樣的食糰，藏文稱之爲Torma，這種食糰會依照不同的需求和用途而有不同的形狀：三角形、柱型、葫蘆型等，也會繪上不同的顏色，主要是白色、紅色、黃色、藍色。

更厲害的是，他們用酥油去製作各式各樣浮雕，雕在Torma上，我們一般稱之爲Torgyan（中文稱爲酥油花）。他們的雕工非常厲害且精緻，用酥油做出的各種細緻雕像，讓人嘆爲觀止。當初我在印度的學院讀書時，一直沒學好這門技藝，我的手太笨，各種細緻的東西都做不好。

藏傳佛教的這種藝術品還有一個好處，就是因爲整個大藏區（這也是「蕃」的另外一個稱呼）基本上都非常乾燥，所以東西不太容易腐敗，再加上製作過程都會塗蠟來上色，所以這種食品基本都能放置長達一年。我雖然沒有學好，但當初在一旁觀看學長製作，認眞覺得這是一門很需要穩定手藝與耐心的工法。

他們一般會先拿個板子，然後雕琢、捏製出一個又一個的酥油花零件，放在上面。比如若要弄出一朵花，可能就會有上百個小花瓣，他們會先將這數百個小花瓣都準備好、放在手上的板子，然後再一層一層堆疊起來，最後慢慢組裝成一個完整的雕像主體。

我發現自己不但對酥油花不擅長，對所有必須慢慢累積才會看到結果的東西，都超級不擅長。另外一個典型的例子是唐卡，這是藏文化中的繪畫技巧，大部分的畫師會將畫布繃在一只木框上面，然後日以繼夜地去畫；我讀書時也學過唐卡的繪製方式，記得老師跟我說：「你不要每次都想一筆成形，這些線條是要一條一條慢慢勾出來的。」可能因爲如此，我也不擅長畫唐卡。

我習慣的工作模式，好像都是一鼓作氣型的。比如一整個晚上不睡覺，把必須寫或翻譯的稿子完成，一旦一份工作必須慢慢完成、慢慢累積，我幾乎就會後繼無力，不然就是因爲我性格變動太大，過程中我會突然出現與當初設定頗有差異的想法，以致無法依照我的想像來完成。

有趣的是，我的生命一直在上演同樣的戲碼。因爲我很多東西都不是堆疊而成，而是一鼓作氣達成的，所以覺得要完成一件事情並不太難，頂多犧牲一、兩天的睡眠就可以。然而，我常常做一堆工作，卻因爲沒有好好計畫與累積，所以當下都像做白工。

比如說，我曾經看到某篇主流的歷史文獻，內容很不完整，就決定自己從原文重新翻譯，花了一個晚上完成約一萬多字的譯文，睡一覺醒來後發現，完成這篇文章其實對我本來計畫的整體設計沒有什麼加分，反而得多開一條線來分享與解釋那個主題。

如何選擇讓生命越走越寬？

做事也不能老是太功利，總不可能每次做件有趣的事情或設計一個主題，都要盤算這與我現在的企畫有沒有關係，因爲有些事情在做的當下並不知道會有什麼成果，做著做著突然就觸及正確的對象與議題了——我自己也有這樣的經驗。

所以，我正面臨著兩種掙扎：遇到一個有趣卻與此刻整個內容產出計畫無直接關係的議題，到底該置之不理，還是一口氣撲上去？既然對我來說，慢慢完成不是個選項，我勢必得一鼓作氣或乾脆不碰；然而，時間如此寶貴，如果在一個與計畫沒有直接關係的議題上浪費，不就會擠壓到本來必須出產內容的時間？但如果只讓自己的日程排滿舊有的計畫、不就沒有餘裕做新的東西、產生新的可能嗎？

不知道是不是天秤座搖擺的天性作祟，每當這種時刻我都會掙扎不已。經過一段時間的觀察，我得出一個有趣的結論：當初的每個「一鼓作氣」，其實都像是構成酥油花的一個小零件。差別在於別人可能事先想好一個酥油花的樣子，再製作需要的零件去建構出來；而我則像是有座零件倉庫，平常做了很多零件；當下可能用不上，但因爲有座大倉庫，需要用到時，瞬間就能動員起來。

面對上述這種選擇時，到底我怎麼考慮與抉擇？我覺得，決定要排斥或是接受一個決策時，可以想的是，這個選擇到底會讓你的生命道路越走越寬，還是越走越窄？畢竟，生命的改變本身，就是來自點點滴滴的累積，但問題是，這些累積應該要讓我們越走越寬闊、綻放，而不是越走越高、越尖、越窄。

小時候聽過一句話，當時覺得還滿雞湯的，但或許恰恰適合用在於此：我們無法決定生命的長度，但可以決定生命的寬度。這讓我想到一個有點關係的比方，宇宙在最原始的時刻，無限的能量被濃縮在一個奇點上，奇點非常之小，卻凝聚了一切能量；隨著這個奇點開始膨脹，每膨脹一次、能量就下降一次，直到最後冷卻至極。

我不想活成一個膨脹到冷卻的人生，我想活出一個雖然不長，但每刻都充滿能量、充滿堆疊而來的自信的人生。

28 你不要跟我爭——理解人的原始腦挾持機制

前陣子在某個地方看到一些段子，主要談的是人與人之間的溝通準則，其中有一段讓我印象挺深刻的：描述自己的感受時，只需要描述感受本身，不要過度牽扯對方的行動。

舉例來說，如果你的不開心是來自對方遲到。雖然如此，但也別說：「因爲你遲到，所以我不開心。」這樣把對方的行動與自己的感受直接掛鉤的溝通模式，只會讓對方根本聽不進你的不開心，反而花時間去辯解自己爲什麼遲到。

當然，事實上可能眞的因爲對方的行動而感到不高興，但這種溝通模式會讓人感到被指責，因此失焦、無法關注在你的感受上，更有甚者，會啓動翻舊帳大賽，大家開始相互指責對方過去如何沒注意到自己的感受。這或許與我們

大腦的結構有關。

研究顯示，人類大腦經過代代的演化，包括至少三個層次：內核的爬蟲類腦、中層的哺乳類腦和外層位於前額的理性腦；每個腦子的運作模式不一樣，而在特定的情況下，某些腦區可以直接綁架整個大腦。

比如，希望對方聆聽我們的感受，是因爲期待對方能夠同理，此時應該對話的對象，是對方主管情緒的哺乳類腦，那裡有掌管情緒同理心的區塊；但要是對話中帶有指責的成分，或是讓對方感受到指責的存在，可能一不小心就會觸動對方的原始腦，此時原始腦就會直接綁架整個大腦，主導對話的走向。

不妙的是，原始腦的基本模式就是「戰、逃、僵」三選一，所以當我們一不小心觸動了這項機制，對話又帶有指責性時，對方往往就會受原始腦的驅動，忙著「戰」或「逃」，延伸出來的發展就是，要麼對方直接放棄溝通（這種滿常在一些西方的眞人實境秀，特別是各種在餐廳廚房做菜的節目中看到，任何一方只要對對方說什麼，對方就會氣噗噗地走了），要麼就是正面迎擊，想盡辦法捍衛自己「並沒有像你說的那麼嚴重」，或者變成更嚴重的版本，就是前面所說的翻舊帳。

我覺得對於大腦機制的理解至為切要——不論是為了有效的溝通，或是為了理解對方為什麼會這麼做，不然一切看起來都這麼匪夷所思：我在跟你討論你為什麼遲到，你幹麼扯到上次我們訂的餐廳不好吃，你被迫去吃很不開心？這兩者之間到底有什麼關聯？當我們無法理解時，往往會越聽越氣，覺得對方為什麼要如此捍衛自己，甚或「幹麼要把對話戰場拖到對你有利的地方」來反擊我呢？

附帶一提，最後這招是我以前常用的，哈。

自我認知的徹底改革

當然，這是從說話者的角度來看。我覺得從聽話者的角度來看也一樣：往往會惹怒人的，正是覺得對方在批評「我」，而不是我的某個行動、某個想法與情緒。當我們覺得自我遭到否定、指責與推翻時，本能地會想反擊與平反。然而，這樣的情緒與情境，反而可能讓我們自己陷入忽略對方真實的想法與感受而不自知。最後，溝通的雙方都很疲累，因為雙方都被觸動了原始腦挾持機制，恰恰缺乏情緒腦與理智腦的平衡。

理解並清楚大腦結構，我覺得是至爲重要的一件事情。像我，脾氣非常火爆，很容易因爲小事情就直接反擊他人，但當我理解到人的大腦由不同區塊構成後，每次快要被激怒、或覺得對方的溝通模式不行時，就會去思考：「現在到底是哪個腦區在回應這件事情？」這樣想的結果是，下一步我會自問：「我要當原始爬蟲類、一般的哺乳動物，還是人類呢？」

佛學中也有類似的邏輯：佛法認爲，所謂的「自我」是由五種元素構成的：物質（肉體）、感受、判斷、思考與認知，每個元素又是由更多細部的元素構成，因此稱之爲「蘊」（蘊在佛學術語中是「結構體」的意思）。換句話說，我們所認爲的我，根本無法具體指出某個我在哪裡，充其量不過是一堆反射、觀念、慣性的組合體而已。

佛法的修行觀念，就是將這種「找不到我」的觀念，落實到自己的認知深處、落實在生活中。佛陀認爲，體會到無我時，這種自我認知的徹底改革，會引發一系列的校正與自由，這個結果稱爲解脫。達賴喇嘛自己就常說，他最長用來自我檢視、訓練自心觀念的佛法金句，就是龍樹所寫的：「非陰不離陰，此彼不相在，如來不有陰，何處有如來？」（白話譯：佛陀既非其組合體，也不存在於組合體之外，組合體中沒有一個具體的點是佛陀，佛陀也不擁有一個具體的組合體；那麼，佛陀在哪裡？）他自己會將這個句子改寫、將內文的如來置換成達賴或我，來自我提醒和觀察。

不論是理解大腦可分成很多區塊，或是理解我由很多元素組成，我覺得從中產生的關鍵認知就是：其實，任何的否定，都不是在否定我本人，而是我在某個特殊場景、時間所說出的話、做的決定等；所以，這個否定、這個拒絕，其實不是在否定你、剝奪你的生存權。這雖然聽起來有點誇張，但根據研究，人類祖先在部落時代起，就存在害怕被拒絕的天性，因為在當時，被自己的部落拒絕、等同於徹底被否定了生存權。

身處現代社會的我們擁有選擇，可以在面對拒絕與指責時，注意到「這其實是針對我某項零件的修正建議」。就像是我的車子不知為何容易爆胎，而且每次儀表板上都會出現胎壓過低的燈號，這其實就是一個警示，提醒駕駛某個零件不對勁了。同樣的，我們收到的否定，其實是針對我們特定行動、言語和思維模式的調整建議。

被原始腦綁架，是我們的祖先身在遠古時代，不得不生存下來時的一種機制。然而，身在現代的我們，其實已經有了選擇：我們可以選擇要用原始腦來「生存」，還是像個人一樣「生活」。

29 後見之明
——你想活出怎樣的人生？

小時候有段時光，我花了很長的時間鑽研圍棋，大概從大班或小一開始，一路到出家前都沒停過。圍棋讓我覺得有趣，因爲這是一門「克敵致勝」的遊戲。我從小就對這種「克敵」的遊戲深感興趣，舉凡當時學的圍棋、長大一點學的武術，以及後來到印度學的辯經。

不過，圍棋跟其他幾項技藝比起來，有個比較明顯的差異，就是先後問題。圍棋有所謂先手、後手之分，甚至還有讓子的規則。圍棋跟其他棋類遊戲最大的差異，是下棋過程會越下越多，看誰最後占滿最多空間，而不是越下越少；所以，先下，甚至於先下幾子（讓另外一方多下幾子就稱爲「讓子」），在關鍵時刻往往會有重大的優勢。

圍棋還有個有趣的玩法，叫做「定石」。意指雙方在特定區塊纏鬥時，有固定習慣的下法，這種下法沒有出奇制勝的特點，而是雙方都照著固定的模式走，可以讓雙方都能達到最高程度的雙贏，不會出現賭徒效應的全盤皆輸或皆贏。換句話說，圍棋盤上交戰的雙方，會在棋盤的不同區塊進行一次又一次的博弈，每次博弈都採固定的模式進行，所以不會有大贏跟大輸的情況出現，這導致最後雙方的輸贏差距往往極小，大概就是一方贏個一、兩子。因此，一開始先手與後手的搶奪就變得非常重要，因爲先手往往會因此贏得棋局。

「先發制人，後發制於人。」似乎是大家常有的處世態度，我自己也很會用這套模式。不知是不是因爲我在陽剛性強的藏人社群中長大，還是天性使然，待人處事時，我很自然會成爲中心與領袖。所以，當我來到一個新的場合時，往往習慣用先發制人的方式與人相處，不論是主導話題，或是丟出他人無法即時回應的問題，好拿到整場的主控權。或許我對於主控權不在自己手上有種本能的不安感，特別是當我看到場中的主導者與人互動很尷尬時，就會想把局面導向更熱絡的方向。

近年來，我開始反思：溝通的價値是什麼？先發制人眞的是解答嗎？特別是，我發現自己對於用這種方式與人溝通已形成路徑依賴。當然，在某些場合與情況中，先發制人是重要的，但是當我眞心想與人對話時，這樣眞的比較好嗎？

小時候喜歡讀的金庸群俠傳中，最讓我喜愛的人物之一無過於風清揚（另一位是莫大，我還因爲太喜歡他而去學了二胡）。他是《笑傲江湖》的主角令狐沖的太師叔，令狐沖在偶然的機會下見到他，並從他那裡學到劍魔獨孤求敗的九個劍術攻擊模式——獨孤九劍。獨孤九劍的攻擊模式，主張的是後發先制，亦即讓對方主動進攻後，看到對方攻擊中的破綻再展開反擊，與「先發制人」的思考邏輯截然不同。

當然，我想談的不是先制，而是後發。小時候學傳統古文，老師們喜歡舉一個例子：如果一只茶杯放得比茶壺更高，或是茶杯裡面本來就有茶，而非全空，那麼茶壺要怎麼加茶進去呢？可想而知，這段譬喻的重點在於，不要讓自己太傲慢，或是不要讓自己先抱有成見，這樣都是學不到東西的。

當我越深入思考這件事情，就越認爲後發、不抱有成見和三人行必有我師，其實是串在一起的事；而這又與我擅長，並且時常反思的印度哲學有點異曲同工之妙。印度哲學認爲，人類對於自我的觀點有兩類，一類是返歸論，一類是成長論。

返歸論，意指人類有個本能的靈性、本性存在，成長過程的創傷與碰撞爲他疊加了許多的傷口與痂，只有透過返歸、褪下這些包裝，我們才能回到快樂自我。成長論，則認爲人類沒有所謂本來的我存在，只有不停成長、累積變化的我，所以任何的火花、接觸、成長，都能讓人變得更多元，而這也是創造快樂自我的方法。

相信人生會持續成長

我所追隨的佛學，屬於信任成長論，也是我個人眞實的信念。我相信人是一個未完成品，一路到死亡的那天都會持續成長；若然，我應該要做的，不就是活在一個會讓我成長的生活環境嗎？

既然如此，那麼有什麼環境比後發、不抱有成見和三人行必有我師更符合這個條件呢？當我們抱著成見與他人對話，其實就是在找共通點，想要找到對方與我們之間共通的地方，好讓我們能合理地與對方做朋友。雖然有時候覺得與自己差異很大的人交朋友很有趣，但平心而論，我們之所以願意與對方做朋友，其實是因為心裡往往會出現：「雖然他……但是他……」的句子；也就是說，對方必然是在某個點上與我們謀和，符合我們的人生觀、世界觀和價值觀。

這樣的模式，不過是將自己舊有的某個部分放大，透過找到別人與舊有我的共通點，讓我們感到安心、感到兩人是一夥的；但這不正是讓我們無法成長、變化的原因嗎？只有當自己不抱有成見，才能後發；而只有後發，才能真正聽到別人的觀點、經歷與想法，我們才能從中得到成長。

我前陣子開始練習當主持人，這與我長期以來習慣做為主講者，有截然不同的立場與差異。當我站在不同的立場，我就得盡不同的責任：主講者要多說，主持人要多問；主講者要張嘴，主持人要閉嘴；主講者站在宣傳的角度，主持人站在輔助觀衆與聽衆的角度等。

知道了這個道理，下一個該問自己的問題或許是：你想站在什麼角度，來看待自己的人生呢？是先見、先發，帶有成見並尋找對方與舊有之我共通點的角度？還是後見、後發，放下成見並期待眞實聽見對方的角度？

其實根本的問題是，你想活出怎樣的人生？你相信人生可以一直成長，也唯有成長會讓你更美好、更值得期待嗎？還是，你認為捍衛著自己舊有的生活與思維模式，才是最好的呢？

我自己的答案，應該不用多說，你也知道。你呢？你的答案是什麼呢？

30 初鍊——經得起試煉的金子

藏傳佛教傳承一句非常自豪的話，認爲這彰顯了佛教的優異性，據說是佛陀本人說的：「比丘與智者，當善觀我語，如煉截磨金，信受非唯敬。」意指佛陀建議我們，應如經由煉、截、磨來測試金子的純度一般，用邏輯跟思辨來檢視佛陀的教導，不應只因爲信任他而全盤接受。換句話說，佛陀自豪地認爲，自己的教導有如眞金，經得起考驗。

我的第一份工作是譯者，所以對於用字遣詞有精細的執著與標準，以前就曾深思「鍊」跟「煉」的差別，雖然它們都帶有提煉、去除雜質、精化之意，但此處我想側重的是經過提煉後呈現出來的美好，所以選用「鍊」。提煉，其實就像試煉一般，過得去，就會得到昇華，反之則是被燒毀，或害怕面對提

煉、無法接受，以致後退。

生命中總是充滿試煉，我也遇過不少。每每在面對試煉、反思或選擇時，抬頭看看身邊的人，不論是在正在聊天的朋友，或是路過的陌生人，我都會莫名想到：會不會三天之後，我也通過了試煉，覺得此刻的試煉並不困難，能夠輕鬆過關？或是，會不會其實是他們選擇不要面對試煉，選擇苟活但快樂呢？

我覺得試煉的本質是一種對自我慣性的挑戰，之所以稱之爲試煉，正是因爲它將矛盾放到最大：你平常習慣退後，但這次想進取，進取的途中卻怕最後一無所得、怕進取反而失了面子也失了裡子；如果退後似乎會很安全，但一切也就如舊不會有變化。

我在前面的文中提到，我們老是會混淆路徑依賴與安全感之間的關係，會將自己習慣的處世方式，解讀爲自己的安全感。就像孩子很小的時候，大腦的發育狀態使他們還無法表達出理性，甚至是細膩的情緒差異，一切的反應只有哭，哭是他們唯一的路徑。同樣的，我們會習慣用同樣的路徑，來面對自己所不熟悉或感到不安的各種情況。

洗掉外在的淤泥

不知你有沒有看過一種人，看起來非常有自信，甚至是有言語影響力的人，觀點聰敏、眼神銳利，看似邏輯性很強，可是一旦觀點被挑戰，或是某個地方被反擊，反應就會整個變得情緒化，憤怒異常。這樣的人，或許正是有強烈的路徑依賴，卻沒有面對「試煉」的自信與安全感，所以每次面對試煉，就會立刻啓動防禦機制，抗拒它，進而認爲自己的路徑被否定，而倍感憤怒。

換句話說，試煉的發生，必須具備兩種特點：首先，你有一個自己習慣的路徑與處理方式，但更重要的是，在這次、這個當口，你心中浮現了不想再用慣用方式面對的掙扎與想法。對，就是掙扎！如果沒有要向前進的動力，那麼試煉對你來說，只會變成一個煩人的日常；而如果沒有舊有的路徑，那麼試煉就更不是試煉了！因爲這樣不過是隨波逐流，不會經由這個過程鍛鍊出更好的自己。

試煉，就是新與舊的掙扎、矛盾和摩擦，恰似佛陀所說的鍊金一般。過程中我們淘汰雜質、保留精華；當然，過去的一切習慣，不一定是負面的雜質，它可能是我們某個階段所需要的助力與養分，做爲一個過渡、保護著我們的某種成分；然而，當我們已經成長茁壯到一定的程度，還需要選擇留有這些雜質嗎？

佛法裡面有一派理論，認爲每個人心中都保有完美的性格，但因爲暫時的一些原因，受到一些東西的覆蓋。最常用的譬喻，就是純金跟淤泥：我們心中有純金的性質，但後天受到社會、環境等壓力的催化，讓我們無法直接、簡單地用純金示人，包裝上了一層又一層的淤泥，最後，連自己都看不到黃金了。所以，如果我們要取出金子，唯一的方式就是洗掉外在的淤泥。

不過，這個辯證本身會延伸出的問題是，到底我是哪個？是金子？是淤泥？還是金子加淤泥的組合體？如果我是金子，當然可以輕而易舉地說要洗去淤泥，但如果我是金子加淤泥、甚或我是淤泥本身，對於洗去這件事情，似乎就會抗拒吧？

值得思考的是，就像剛剛說的，不論是淤泥、雜質，還是舊有的路徑依賴與習慣，其實是我們在成長中受環境、社會影響，所累積出來的一種存在，它不是本來就在那裡，是後來才出現的，佛經習慣稱之爲客，就是要強調這種後來才出現的特性；既然它是因應需求才出現、後來才出現，那麼當需求不存在、當我們想要成長時，它是否還有存在的必要呢？

就像我自己，習慣在面對試煉時壓抑、退後、保守、自持，這是我在僧團、在體制中多年來養成的習慣；或許有些人看了我的上一本書《難以勸誡的勇氣》後，認爲我是個激進、衝撞體制的人；某方面來說的確如此，但是那只發生在當我要捍衛自己的核心立場、與根本的價值觀時，才會發生。反之，當我面對進取與機會時，反而往往是保守自持，而不是一股腦就投入的人。

這種習慣既然是我在團體中養成的，它就是「因應社會」才存在的一種性格，不是我本身，問題是當我回到臺灣後，這種性格也變成了一種我的路徑依賴：我做的工作是教育分享，各官方平臺都有上萬，甚至數十萬的訂閱，但我個人的社群好友極少，我跟其他同行的社群工作者幾乎沒有任何互動。這些細節，其實正是這種性格的呈現。然而，當初我養成這種性格，是因爲在僧團中成長，這是重要的人格特質；但我回到了臺灣，面對百家爭鳴的社會，我眞的還需要這種性格嗎？當我面對到心動的機會與人事物時，我還要選擇壓抑、保守、自持嗎？

上述主張人人都有美好本性的佛教派系，認爲要將這種生活活出來，將自己生活中的每個試煉都變成淨化雜質、呈現金子的關鍵在於「信任」。我們必須信任有更美好的自己在未來等待著我們，而那個自我就是純金的呈現；相信自己不需要用更多的淤泥來堆積、包裝，只需要讓自己熬在那裡、面對試煉的過程，將我們的淤泥給淨化掉。

我更深刻的體會是，這些提煉場景，往往出現在一個具體的人身上。這個人的出現讓我們面對了試煉，讓我們想要進取，但自己又本能地習慣後退，因此我們要做的就是信任，不是信任這個人一定對你好，而是信任待在那裡、經驗著試煉，這個人的存在本身，就能讓你達成鍊金的效果。

用更白話的方式來說：這個人就是個鍊金師，做爲一塊受到試煉與淨化的金子，我們唯一要做的事情就是撐住、待著，不需要取巧，也不用矯飾，更不需要過度期待，別期待對方會因爲你的撐住而變得如何。因爲不論對方的動機是什麼，撐住並待著後，眞正得到試煉與淨化的人，終究是我們自己。

信任，必須信任到：一場場的試煉，都是在讓我們鍊成金。信任自己就是金子，不論外在如何、外人如何，我們都可以活出更加亮眼的生命。

Eurasian Publishing Group
圓神出版事業機構
用心與你對話・視野無限寬廣
究竟出版社
Athena Press
www.booklife.com.tw
reader@mail.eurasian.com.tw
哲學 043

半神：安住亂世、活出神性的30個生命基礎課

作　　者／熊仁謙
發 行 人／簡志忠
出 版 者／究竟出版社股份有限公司
地　　址／臺北市南京東路四段50號6樓之1
電　　話／（02）2579-6600・2579-8800・2570-3939
傳　　真／（02）2579-0338・2577-3220・2570-3636
總 編 輯／陳秋月
副總編輯／賴良珠
責任編輯／賴良珠
校　　對／林雅萩・賴良珠
美術編輯／金益健
行銷企畫／陳禹伶・朱智琳
印務統籌／劉鳳剛・高榮祥
監　　印／高榮祥
排　　版／杜易蓉
經 銷 商／叩應股份有限公司
郵撥帳號／18707239
法律顧問／圓神出版事業機構法律顧問　蕭雄淋律師
印　　刷／祥峯印刷廠
2021年5月　初版
2021年5月　2刷

定價 300 元　ISBN 978-986-137-323-2

我們可以問問自己，是否有許多正在做的事情已經不再是爲了當初的出發點，而只是爲了維護那個「不失去」「不失敗」的表象？

要脫離這種沒有意義的迴圈，唯一的答案，就是我們要懂得急流勇退，畫下完美的句點。

所有的付出終究會走向失去，但我們能決定句點的樣貌。

——熊仁謙《別讓世界的單薄，奪去你生命的厚度》

國家圖書館出版品預行編目資料

半神：安住亂世、活出神性的30個生命基礎課／熊仁謙 著. -- 初版 -- 臺北市：究竟，2021.05
208面；14.8×20.8公分 --（哲學；43）

ISBN 978-986-137-323-2（平裝）

1. 心理勵志　2. 人生哲學

191.9　　110004741